D1929260

Rita Rosen

Frauenzimmer

Das FRAUENZIMMER
einen Spalt weit
geöffnet
für
Ingrid Pfeiffer
von
Rita Rosen
Januar 2016

Well-behaved women seldom make history

Laurel Thatcher Ulrich, 2006

Rita Rosen

Frauenzimmer

Gedichte und Geschichten

mit Zeichnungen von

Silvia Willkens

EDITION 6065

Bibliografische Information Der Deutschen Bibliothek:
Die Deutsche Bibliothek verzeichnet diese Publikation in der Deutschen Nationalbibliografie; detaillierte bibliografische Daten sind im Internet über http: / / dnb.ddb.de abrufbar.

Lektorat
Brigitte Forßbohm

Satz und Layout
Gestaltung des Einbands
Brigitte Forßbohm

Bildnachweise
Kohlezeichnungen von Silvia Willkens,
Titel Einbandvorderseite: Demoiselle;
Einbandrückseite: Adrienne;
S. 29: Dora; S. 51: Arme hoch; S. 73: Santime;
S. 81: Demoiselle; S. 97: La Parisienne;
S. 115: Elle

Druck und Bindearbeiten
Pressel Digitaldruck, Remshalden

Einige Gedichte sind erstmals erschienen in: Rita Rosen, NAH und FERN, EDITION 6065, Wiesbaden 2008.

© Copyright EDITION 6065
Brigitte Forßbohm
Wiesbaden 2015
www.edition6065.de
Alle Rechte vorbehalten
ISBN 978-3-941072-17-6

Inhalt

Frauenzimmer, n. ‚Frau', ursprünglich (15. Jh.) ‚Gemach der Herrin, Aufenthaltsraum der Frauen'; seit dem 16. Jh. übertragen auf die sich dort aufhaltenden Frauen, das weibliche Hofgefolge, die weibliche Dienerschaft, seit dem 17. Jh. auch Bezeichnung für die ‚Frau' als Einzelwesen.
Noch im 18. Jh. in neutraler Verwendung üblich, später (19. Jh.) meist scherzhaft oder geringschätzig.

Friedrich Kluge, Elmar Seebold,
Etymologisches Wörterbuch der deutschen Spache, 1989

Dichterinnen

Die eine
schrieb heimlich
im Schneckenhaus
Gedichte
voll banger Lust
versteckt
im Linnenschrank

Die andre
nachts
in einer Fregatte
Verse
morbide Phantasmen
verschlossen
in einem Hutkarton

Sie sitzt
im Auto
am helllichten Tag
und wirft uns durchs Fenster
Blätter zu
bemalt mit Worten
der Bitte um Erlöschen

Wir sammeln sie
uns den Tee zu bereiten

Besichtigung

Das Zimmer einige qm groß
die Fenster klein
niedrige Decke
Dielen die knarren

Runder Tisch aus Mahagoni
eine Vase darauf
beiseite gestellt
ein Hammerklavier

Fossilien und Steine
gesammelt von ihr
beäugt und geordnet
in der Vitrine an der Wand

Das Herzstück des Raumes
der Schreibsekretär
Bücher gestapelt
Briefe und Papier

Gefüllt das Tintenfass
die Feder immerzu bereit
einzutauchen und zu tanzen
über die Seiten

Auf dem Kanapee in Schwarz
die Mußestunden
hier saß sie und träumte
von Ewigkeiten

Das kleine Zimmer

in memory of Emily Dickinson

fünfundzwanzig Jahre
weißgekleidet
in dem kleinen Zimmer
oberes Stockwerk
Vaterhaus

ein Damensekretär
weißlackiert
übersät mit Papieren
bekleckst bekritzelt beschrieben

Wortkaskaden syntaktisch
zergliedert Strophenströme metrisch
gebrochen Zeilensprünge über
greifend ohne Punkt ohne Komma

ein Gedankenstrich nur bietet Pause
bizarre Metaphern abstruse Chiffren
dichtgedrängte Wortgebilde
zu enträtseln

in dem kleinen Zimmer
weißgetünscht
unter Häkeldeckchen fein
Kissen bestickt
in Hutschachteln gestapelt
zwischen Buchseiten zugeklappt
tausend Zettel Seiten Blätter

v e r s t e c k t

lesen soll der Finder sie
nach ihrem Tod
lesen
und
vielleicht verstehn

Aktion LLL

Luise Landes Levi

direkt von der Autobahn kommt sie
die Lastkraftwagenfahrer ihre Freunde
der ausgestreckte Daumen:
ihr Erkennungszeichen

direkt zum Ort des Rituals kommt sie
FLUXEUM ERBENHEIM
steigt in den ausrangierten Wagen
kurbelt die Scheibe runter
und liest

Wortgebilde
Litaneien
endlos Sätze
Wortspiralen
mantrenartig kreisend
um das Streben nach
Erlöschen
des Begehrens
der Begierde
der Begehrlichkeit
gelassen wendet sie die Seiten
lauscht dem Gehörten nach
und wirft dann
Blatt Blatt
für für für für
Blatt Blatt Blatt
beiseite
in die Luft
den Wind
der sie ergreift und trägt und wirbelt
nach nirgendwohin

mit sanftem Nicken
nimmt sie Abschied
legt ihren Filzschal um
geht gefassten Schrittes

auf direktem Weg zur Autobahn

Exkurs: Beruf

nachgeschlagen:
Beruf, erlernte bzw. ausgeübte Tätigkeit, mit der jmd. seinen Lebensunterhalt verdient (im 17. Jh. aufkommend, im 19. Jh. voll ausgeprägt)

·

Die Frauen und ihr Beruf titulierte Luise Büchner ihr Buch 1855, niedergeschrieben von Frauenhand. Sie forderte Arbeit und Tätigkeit für die Frauen. Schreiben reiht sie ein in die Kategorie der Berufe. Emphatisch forderte sie die Frauen auf zu schreiben:
Feder und Worte sind euch gegeben wie dem Manne! Schreibt, redet, erzieht im Dienste der Menschheit!

Mein Beruf benannte Annette von Droste-Hülshoff ihr Gedicht Mitte des 19. Jahrhunderts. Schon früh fühlte sie sich aufgefordert, zu schreiben; Schreiben war für sie eine Begabung, die sie leben musste, eine Berufung, in göttlichem Sinne.
So rief die Zeit, so ward mein Amt / von Gottes Gnaden mir gegeben, / So mein Beruf mir angestammt, /Im frischen Mut, im warmen Leben.
Laut wie eine Trompetenstoß, leise wie der Westwind im Hain wollte sie ihre Worte in die Welt senden. Sie weiß, es ist Mein Recht.

Die größte Achtung vor dem Beruf des Dichters und des Schriftstellers, die dem männlichen Autor entgegengebracht wird, fordert Fanny Lewald 1870 auch für die schreibenden Frauen.

Mit dem Ziel: Zur Freiheit, oh, zur einzig wahren – kämpfen die Frauen der damaligen Zeit um das Recht zu schreiben, um ihre Rechte als Schreibende.

Erker

der Hilde Domin

in diesem Raum
schreiben
vom Mandelbaum der Kindheit
der blühte oft
am Gittertor des Gartenzaunes

sich sehnen
in diesem Raum
nach den Zypressen
aufgereihte Wegweiser
in die südliche Hügelwelt

erinnern
sich in diesem Raum
an Palmen
die stoisch ehern Schutz boten
an den Stränden des Exils

aus diesem Raum
schauen
verschlungen umarmende Verästelung
des Eibenbaumes

Vertrauen atmet er

Geister

Immer wieder
die schwarzen Vögel
über mich wegfliegend ...

Hilde Domin

Er
der nicht bei mir blieb
kommt jede Nacht
Nebelkrähe
die mein Bett umflattert
mein Haar verwüstet
nach meinen Augen giert

scheuchende Hände

doch erst wenn es dämmert
fliegt sie fort
höhnisch krächzend
die andre begrüßend
die sein Bett verließ

Rüschhaus

eine Gräfte
gegraben durch riedbewachsene Flur
sanft gebogen
Schutz vor dem Waldbrand
Übergriff der Flammen
auf Haus Stiege Kammer Schreibtisch

schilfrohrbewehrt versperrt sie den Pfad
durch Gebüsch Gehölz
gibt den Blick frei auf das Licht jede Nacht
in der sich der Waldhüter kopfschüttelnd wundert:
immer nur schreibt sie
die Närrin

der Gräfte grünsumpfige Soden
bieten Nistplatz Rast
doch verschreckt fliegt ein Blässhuhn auf
öffnet das Fenster sich
feuchtfrische Luft soll die Schläfen kühlen
die Strophe noch nicht zu Ende geschrieben

manchmal
am Ufer
libellenumflirrt
hockt sie
ruft ihre
Verse
freudig erregt
über das Wasser
die Föhren
hinaus
in den blauen Azur

Ich möchte mit der Droste sprechen

à la Sarah Kirsch

Ich möchte mit der Droste sprechen
über das Glück
„ja," würde ich sagen, „ihr Levin –
als er noch bei ihnen war
schrieben sie viele Gedichte"
den Kopf hocherhoben
kichert sie trotzig:
„ich habe schon vor ihm gedichtet."

Über den Kiesweg im Garten
schlendern wir
ich schaue mich um
sie schüttelt den Kopf:
„er ist an den Rhein gefahren"
und reicht mir lachend ein Blatt
eng beschrieben bekritzelt
der Anfang einer langen Ballade.

Auf dem Schreibtisch
ein Brief geöffnet
von ihm?
verlegen lächelnd legt sie ihn weg
weist auf den Stapel Papiere stolz
„eine vertrackte Geschichte
aus dem Brederholz
ich werd' sie zu Ende schreiben."

Seite an Seite
auf dem schwarzen Kanapee
pausieren wir
sie gießt uns Schnäpse ein
wir stoßen an
auf das Glück
Dichter's Glück.

Wohlig wärmt
der Korn
unsre Kehlen .

Männliche Muse

Levin Schücking

das Geschriebene
auf dem Schoß
bebt leicht

sie wartet

kann ihre Arme kaum bändigen
bei der Begrüßung

streicht zärtlich über den samtnen Rock
zupft neckisch am seidnen Halstuch
führt eingehakt ihn
selig lachend zur Gartenbank

sie liest

Wünsche
schwirren
durch das
Blattwerk
offene
Fenster
Schlafgemach
tanzen
um das Bett
das schmale
nisten sich ein
in Kissen
und Hüllen
um dort
zu vergehn

das Blatt fällt zu Boden

erregt greift er es
rezitiert das Gedicht
hebt Reime hervor
lobt Wendungen
bewundert die Komposition

kniet nieder vor ihr

und mahnt sie
zu schreiben
immer nur
zu schreiben

sie nimmt das Blatt
und legt es zurück
in ihren Schoß

Auf dem Friedhof von Meersburg

Wir pflücken ihr Blumen, binden den Strauß,
sie mag doch den Duft der Fresien?

Kränze aus Efeu winden wir ihr,
hoffentlich lösen die Zapfen sich nicht

Buketts legen wir nieder,
sie wundert sich: Herzförmig
heut' die Rosen gesteckt?

Ein Bund Gladiolen feuerrot
ja, wir wissen, sie verblühen so schnell

Schleifen gebunden, mit Gold bemalt,
traurig bemerkt sie: Bald schon verblasst

Im Kreis aufgestellt
lesen wir
einen Vers
eine Zeile
die Ballade
das Gedicht

Das mag ihr doch wohl gefallen?

Frühes Schreiben

Karoline von Günderrode

sie liebte es
Karl
genannt zu werden
ungestüm unbezwingbar ungebärdig
ihr Schritt

die Freundinnen nannten sie kichernd:
Karolus
bewunderten ihre
losen Reden
skeptischen Traktate
theatralischen Gebärden

unter männlichem Pseudonym
die Gedichte
zur Liebe
leidenschaftlich unzensiert
besungen
genießendes schmachten
die Lust

wie ein Kerl
den Dolch in der Tasche
triumphierend
den Gästen
am Abend
wild gestikulierend
vorgeführt
ihr schrilles Lachen
zum Abschied
nur die Jugend nicht überleben
keuchend
gurgelnd
im Fluss
erstickt

live fast and die young
schrie die Rocksängerin
hundertundeinige Jahre später

der Whisky
erstickte ihre Stimme

Die Verscheuchte

vergrault

von der Gesellschaft
im bergigen Land
nicht beliebt die schreibende Verrückte

verjagt

aus der Metropole
dem Kreis der Künstler
die Herkunft nicht geduldet

verscheucht

ins Exil der Stadt am See
unerwünscht auch hier
als Dichterin nicht willkommen

verreist

nach Palästina
ein Aufenthalt nur
die Rückkehr wurde nicht gestattet

vergessen

gestorben im Hebräerland
eine Straße führt heute
über ihr Grab

Interview

Fiktives Interview einer jungen Reporterin mit Else Lasker-Schüler für The Palestine Post am 16.3.1940

Frau Lasker-Schüler, Sie haben sich in Jerusalem niedergelassen. Wir freuen uns sehr, eine so berühmte Dichterin in unserer Stadt begrüßen zu können. Wie haben Sie sich eingelebt?

Ja, nun, von niedergelassen kann man doch nicht sprechen. Sie wissen, dass ich nur eine Reise unternommen hatte, ich wollte nur kurze Zeit hier bleiben. Aber der Krieg, der Krieg hat mich überrascht. Ich kann nicht zurück in die Schweiz. Doch ich möchte wieder zurück. Meine Wurzeln sind immer noch in Europa. Aber Europa brennt, brennt fürchterlich. Wir wissen nicht, wann der Brand erlöschen wird.

Wie und wo leben Sie?

Ich habe ein Zimmer gemietet. Ein kleines Zimmer. Es ist sehr einfach eingerichtet. Meine finanziellen Mittel sind beschränkt. Der vergangene Winter war sehr kalt. Es schneite in Jerusalem, Schnee in Jerusalem – wer hätte das gedacht? Das Zimmer ist kaum zu beheizen. Ich habe gefroren, konnte kaum schreiben. Aber nun ist ja Frühling. Nun gehe ich oft in mein geliebtes Café Sichel. Dort treffe ich Menschen, die deutsch sprechen.

Aber Sie haben doch sicher Freunde?

Ja, aber sie leben in Haifa, in Tel Aviv. Sie laden mich ein, sie zu besuchen.
Aber ich fühle mich noch zu schwach, um zu reisen. So bleibe ich also hier.
Die Menschen hier sind sehr hilfsbereit. Nachbarn kümmern sich um mich, helfen mir. Ein kleines

Mädchen kommt jeden Tag zu mir, klopft an das Fenster, an die Tür und schaut, ob ich aufgestanden bin. Dann setzt sie sich neben mich und schaut zu, wie ich schreibe.

Woran arbeiten Sie zur Zeit?

Ich arbeite immer. Ich schreibe täglich. Schreiben ist mein Leben. Ich schreibe an einem Theaterstück ICHUNDICH. Vor kurzem habe ich daraus vorgelesen. Aber die Leute haben es nicht verstanden.

Oh, ein Theaterstück, wovon handelt es denn?

Das alte Thema – Faust und Mephisto, das Gute und Böse. Und was siegen wird. Ich denke dabei an das Schreckensregime in Deutschland.

Ein schwieriges Thema. Wird es zur Aufführung kommen?

Ich glaube nicht.

Sie sagten, Sie machen Lesungen hier?

Ja, Literaturfreunde organisieren sie. In ihren Häusern, in den Wohnungen, in den Gärten. Unsere Zusammenkünfte nennen wir den „Kraal". Wir verteilen die Einladungen persönlich. Im vergangenen Sommer waren wir im dem wunderschönen Garten von Dr. Abraham Ticho. Alte Ölbäume stehen dort.
Es war ein schöner Abend. – Aber eine Dichterin will nicht nur lesen, sie will auch gedruckt werden. Und das ist schwierig geworden. Ob ich noch mal in der Schweiz veröffentlichen kann, ist mehr denn je ungewiss. Wir müssen die Zeit abwarten.

Sie sind bekannt als Lyrikerin. Schreiben Sie noch Gedichte?

Ich habe mein Leben lang Gedichte geschrieben. Ich schreibe immer Gedichte. Die Lyrik ist mein Leben.

Hören Sie diese Zeilen:

Ich habe zu Hause ein blaues Klavier
und kenne doch keine Note ...

Sehr interessant. Der Begriff des „blauen Klavieres" ist etwas rätselhaft?

Es ist eine Metapher. Und wenn eine Metapher nicht rätselhaft ist, dann ist sie keine.

Sie sind viel in unserem Land herumgereist. Wie gefällt es Ihnen?

Sie können es in meinem Palästinabuch nachlesen. Es sind Eindrücke meiner Reise, die ich vor einigen Jahren hier gemacht habe. Schauen Sie hier, diese Passage:

Unsäglich! Nicht zu schildern an Verwunderung und Handlung und Meer und Dunkelheit. Hier. Herrliches Bibelland. Karawanen fortwährend am Balkon vorbei: ganz anders wie man sich vorstellt. Aber schwer.

Aber hier zu reisen ist etwas anderes als hier zu leben. Ich möchte zurück nach Berlin.
Wie habe ich es genannt: Die starke und furchtbare Stadt.

Man weiß ja, dass Sie dort eine turbulente Zeit verbracht haben. Sie waren verheiratet, hatten eine Affäre mit Gottfried Benn ...

... eine Affäre war es nicht, es war eine große Liebe. Ja, wir haben uns geliebt, leidenschaftlich. Wir haben uns gestritten, aber wir sind immer wieder zusammengekommen. Die vielen Gedichte, die wir schrieben, er und ich. Ach, es war eine gute Zeit. – Aber Sie wissen ja, dass die Liebe auch vergehen kann.

Was sagt Mörike über die Liebe: Doch D u und die Lüfte, ihr habt kein Haus ... Ja, wir trennten uns. Es war sehr schmerzhaft für mich. Erinnern Sie mich nicht mehr daran.

Auf eines möchte ich noch zu sprechen kommen, auf den Prinzen Jussuf – *nannte man Sie nicht so?*

Jussuf, Prinz von Theben. Ich nannte mich so. Ich verkleide mich gerne. Und so zog ich orientalische Gewänder an, behängte mich mit Talmi Schmuck, schminkte mich grell, trug verrückte Turbane und Kopftücher und zog so durch die Cafes. Ich liebe die Maskerade. Alle Welt war schockiert, man flüsterte und tratschte hinter meinem Rücken. Sie verstanden das Spiel nicht. Vielleicht war dies auch zu viel für meine Männer. Männer mögen keine Frauen, die Aufsehen erregen.

Frau Lasker-Schüler, ich hoffe doch, das Sie sich wohlfühlen werden bei uns. Auch bei uns ist es schön. Und ich wünsche Ihnen alles Gute. Danke das Sie Zeit hatten für das Interview.

Auch ich bedanke mich, dass Sie bei mir waren. Und mir zugehört haben. Es ist gut zu wissen, dass man noch nicht ganz vergessen ist.

Bildhauerin

für Maria Sowietzki

sie wählt den Stein

Schraffierungen sprechen
Male deuten an
Linien fragen

sie nimmt den Meißel

vertieft riffelt feilt

hebt Konturen hervor
verborgen in schroffen Kanten

legt den Kern frei
gefangen in karstigem Fels

lässt sie wachsen
die Figur
aus dem kantigen Block
sich lösen
aus steinerner Verkrustung

haut das Bild aus dem Stein in den Stein

die Frau
stolz erhoben
über irdene Schwere

sie legt den Meißel beiseite
klopft den Staub ab

sie fand die Antwort

Das Lächeln der Dora Maar

ein harter Strich
fährt durch das Gesicht
verrückt die Partien

kaltprüfend blitzt ein Auge auf
Tränen umspülen das andre

zwei Adlernasen schnüffeln
wittern Wohlgeruch
ekligen Atemhauch

rosige Schläfen pulsieren
zornig erregt
und erwartungsvoll fiebernd

verführerisch spielen Finger am Ohr
blutrot lackiert die Hand im Schoß
eine Schere geöffnet

in Herzkammern
erstarken Distelblumen
geknickt fallen manche aus dem Blau
flecken der Bluse
wirre Musterung

schwungvoll gebogen die Lippen
purpurn gefärbt

ungebrochen

bereit

Motiv

zwei
vor der Leinwand
farbprächtiger Spiegel
der Landschaft
die um das Haus kreist
die Staffelei

prüfender Blick

den moorigen Grund wählt sie
erdfarbene Häuser
grauweiße Zäune
den Garten umgrenzend den Hof

er zeichnet kühn
in die Weite der Ebene
den blauen Reiter
in wildem Galopp

erregt legt er den Pinsel beiseite

zweiflerisch grübelnd
sie die Palette

Münterhaus

rostbraune Schindeln
des Daches
der Fassade
gelbweißblaue
Farbtafeln
grünhölzerne
Spalettladen
umrahmen
die Fenster

blind verhangen verschlossen

eines geöffnet

die Frau in Rot

leicht abgewandt
schaut sie
gesenkten Kopfes
auf den Gartenweg
leer

den Staub
aufgewirbelt
von den Schritten
des Mannes
der ging

Interieur

Kandinsky's Vermächtnis

summend durch den Raum
vorbei an
Ellas Toilettenschrank
naturbelassen

reizvoll
das mittlere Fach
zu bemalen
mit
Ornamenten & Girlanden
Sonnen & Kühe
Häusern & Zäunen
der Wologda

dem Reiter in Blau
vorwärtsstürmend
der Reiterin
in braundunklem Ton
die geduckt gedrängt
ihm zu folgen
versucht

voila
weist er lachend auf das Votiv

betroffen
betrachtet sie
seine Schenkung

Begegnungen

Ich habe mir ein großes, fernes
Reich erobert und dort geherrscht

Marianne Werefkin 1927

Im Museum Wiesbaden begegnete ich ihr zum ersten Mal. Neben den Bildern der expressionistischen Maler ihre Werke. Ausdrucksstark. Bunte Farben durchwoben vom Dunkel. Die Idylle und ihr brüchiges Sein. Vor der majestätischen Bergwelt der Alpen in sattem Blau und schimmerndem Weiß die *Schindelfabrik* (1910). Staubsteinernes Grau. In dem schwarzen Werktor die Arbeiter – müde, gebückt, in dürftiger Kleidung.

In Murnau sah ich ihr Skizzenbuch. Die Formen des Bergmassivs kraftvoll konturiert. Die Bauten der Stadt, die Kirche, das Schloss, dargestellt in ihrer Mächtigkeit. Dagegen zart hingetuscht das ländliche Umfeld. Der *Blick auf den Staffelsee* (1908) mit wenigen Strichen natürliche Schlichtheit eingefangen.

Besuch in Schwerin. Auch hier eine Ausstellung. Gouachen und Zeichnungen, Beobachtungen der Menschen, ihr vergnügliches Tun auf der Straße, im Bierzelt, im Sommer am Meer. Von Vergänglichkeit getrübt die Szenen der Bergwelt *Madonna Nera* (1928), ein Bildstock am Weg von einem Raubvogel umkreist.

Stadtführung in Moskau. Die Tretjakow Galerie. Tretjakow, ein Jugendfreund, ein Bewunderer realistischer Ausdruckskraft, eifriger Sammler ihrer Bilder. So sehen wir den *Mann im Pelz* (1895). Das Gesicht eines Bauern, alt und zerfurcht. Das Grau des Bartes, das Anthrazit des Pelzes verwachsen miteinander, verwoben. Gibt es einen Schutz gegen die Kälte des Daseins?

Berlin zeigt die *Rebellen der Secession* – von Liebermann nicht geachtet. Unter den Neuerern ein Bild von ihr. *Schlittschuhläufer* (1911). Unheilvoll dunkel der gefrorene See, darauf die Läufer. Bricht die Eisdecke ein, können die grell erleuchteten Fenster des Hauses am Ufer keinen Schutz mehr bieten.

Ich fahre nach Paris. Als erstes grüßt mich ein *Selbstbildnis* (1909). Es prangt auf Plakaten und lädt ein zur Retrospektive. Das gelbgrüne Kleid, der knallrote Schal, die blauvioletten Blumen auf dem Hut – wagenradgroß – preisen des Lebens buntfrische Fülle. Doch verschleierte Augen und müde Lider zeugen von Traurigkeit.

Auf meinem Schreibtisch eine Karte eingerahmt *Herbst (Schule)*, 1907 gemalt. Mädchen in Paaren, uniform gekleidet, wandern durch herbstliche Landschaft. Geführt von der Lehrerin in strengem Schwarz. Es scheint der Weg zur Kirche zu sein. Doch hinter den Häusern des Dorfes zieht ein Gewitter auf, feuerrot ist der Himmel gefärbt.

Besuch in Ascona – die Fondazione – Sammlung ihres Lebenswerkes. Beeindruckend die Bilder der Altersphase. Immer noch ausdrucksstark, immer noch von Widersprüchen durchzogen. In schwarzdunkler Bergwelt die kleine Kapelle, abweisend in eiskristallenem Weiß. Blumen, gepflückt und verstreut weisen den Pilgern den Weg. *Gebet* (ca. 1935). Werden sie hier beten können?

Immer wieder begegnete ich der Malerin Marianne Werefkin. Immer wieder bewunderte ich ihr Kredo, dem sie treu blieb:

Farbe ist Emotion

Frauengeschichte(n)

erzählt
Miss Marples Nichte
und weist verstohlen
auf Figuren bleich
die vom Balkon des Hauses
Gründerzeit
uns leicht noch winken
schemenhaft
doch damals
lachend todesmutig
als Aeronautin Ärztin
kess
im Hosenanzug
zum Damenclub
Hausnummer 38

heimlich der Walzer
Wispern ins Ohr:
frei ist die Frau
laut aus der Kehle:
frei und gleich
der Refrain
von allen gesungen

vergessen vergangen
der Kühnen Lebenslust

fragend entschwinden sie
im Nachtdunst der Stadt

SIRONA

Frau am Wasser
Schöpferin
Wärme / Heilung / Lebenskraft
dreimal
gerufen
in dunklen Tagen
an hellen
die Hymne
der Becher
gefüllt

SIRONAE
C+IVLI+RESTITUTUS+
C+TEMPL+D+S+P

Mausoleum

geöffnet

das Rund der Aspis
zu besichtigen
das marmorne Polster
Ruhestätte
für die
Geliebte

alabasterstarre Blumen
schmücken ihr Haar
Faltenwurf steinern
hält wächserne Hand
Kerzen flackern zu ihren Füßen
gemeißelt
kalt

weihrauchverhangene Luft
die beim Öffnen der Tür
ihr Lächeln einfängt
trägt
aufwirbelt
in goldne Kuppelfenster
tänzelnd verspinnt
mit flirrenden Sonnenstrahlen
Träume
ewiger Liebe

die
verschweben verfallen vergehen
wenn der Pope das Licht löscht
und lakonisch
sein
AMEN
murmelt

Geschichtsunterricht

im Jardin du Luxembourg

in einer Runde
großer Frauen

die in Stein Granit und Marmor
eingehauen
an ihr Geschick erinnern

  junge Mädchen trippeln
  ungeduldig lauschend
  vor der Duchesse, der Herzogin

schaut: ihre Haltung imposant
der Faltenwurf geschickt drapiert
kostbarer Schmuck an Hals und Händen
die Reife Diademe fest gesteckt ins Haar
Harfe und Psalter spielbereit

  sie zerren an den Schultertaschen
  stupsen zanken necken sich
  halbherzig fragen sie

beachtet: die Insignien der Macht
die Krone hier
und dort das Schwert gezückt
das Zepter fest umklammert
Urkundenrollen siegessicher präsentiert
die Bibel aufgeschlagen

  die Köpfe hochgereckt
  mit aufgezeigtem Finger
  verlesen sie die Inschrift stockend

merkt euch: notwendige Gefährtinnen einstmals
übernahmen sie Regentschaften
retteten die Dynastie
führten Kriege

zogen übers Meer
beschützten die Stadt
schlossen Bündnisse
sprachen Recht

    die Schülerinnen gähnen
    schauen auf die Uhr
    ein Handy klingelt

für ihren Mut und ihre Stärke
wurden sie bewundert und belohnt
heilig gesprochen und gesalbt

und später auch verbannt
verleumdet und verurteilt
ja – gehenkt geköpft und hingerichtet

    laut stöhnt ein Mädchen auf
    die andern kichern leis' verlegen
    verstummen für Sekunden

gedenket ihrer

mahnt eindringlich die Lehrerin
bevor sie seufzend ihre Mappe schließt

    von fern ertönt
    Musik
    ein Rondo

und alle laufen lachend sie
dem Karusell dem bunten zu
das langsam seine Runden dreht

Gobelin

Führung durch den Saal der Teppiche. Abgedunkelter Raum. Sakralgedämpfte Lichtgestaltung. Geheimnisvolle Aureole. Vorbei an Wandbehängen, Altarflügeln gleich aufgeschlagen, Werkstücke mittelalterlicher Stickkunst gehen wir, ehrfurchtsvoll.

Bildreiche Gartenszenen, belebt von Frauen und Männern. Sie lauschen andächtig der Orgel – transportabel –, schnuppern den Duft der Rose, streicheln die Tiere, kosten die Süße der Frucht und genießen die Schönheit des Parks. Allegorien der Sinne – kunstvoll gestickt.

Im Mittelfeld des Oktogons der Gobelin: *Die Dame und das Einhorn*. Ein Meisterwerk der Zeit. Inmitten einer üppig blühenden Gartenlandschaft, geschmückt mit Blumenbuketts und Girlanden, umkränzt von Zedern, stolz gewachsen, ein Königszelt. Geformt aus tausend kobaltblauen Seidenstichen, bestickt mit Lilien silberweiß, gekrönt von goldner Kuppelspitze.

Auf bunt floralem Rasengrund, vor aufgeschlagenen hellen Eingangstüchern steht die Dame. In rotbrokatner Robe, mit Turban edelsteinverziert, ihr Auftritt hoheitsvoll. An ihrer Seite hoch aufgerichtet, aufmerksam die schöne Frau betrachtend, das Einhorn. Die Standarte hält es festumklammert, das Banner weht im Wind.

Ein Löwe brüllt erschrocken. Im Grase schaut ein Äffchen neugierig auf. Der Pekinese auf braunsamtnem Polster wundert sich. Die Dame nimmt aus reifbeschlagener Schatulle: Goldketten, Ringe, Bänder, Steine, Reifen und verteilt die Schätze in die Leere. Hingebungsvoll seufzt sie: MON SEUL DESIR.
Ein Satz, unübersehbar groß, rund um die Spitze des Zelts aufgestickt.

Wir staunen. Wir flüstern, fragen, wundern uns. Versuchen diese rätselhafte Inschrift zu deuten, zu verstehen. Vergebens, wie viele vor uns. Der Guide hebt hilflos seine Schultern, der Katalog weiß keine Antwort.

Bevor wir gehen, blicke ich zurück. Das Einhorn, dieses wundersame Fabelwesen, zieht meinen Blick erneut auf sich. Und mir scheint, dass es den Wunsch der Dame wohl versteht, denn es beugt demutsvoll sein Horn und nickt ihr wissend weise zu.

Paris, Musèe National du Moyen Age

Berühmtes Porträt I – V

I

langerwartet

doch nun
geschoben vom Besucherstrom
beobachtet von Wärtern kühl
getrennt von uns
durch Seil und Balustrade

das Bild

allein
und unerwartet klein
an dunkelgrüner Wand
lichtundurchlässig
panzerglasgeschützt
umrahmt von goldbrokatenem Dekor

der Pulk der Neugierigen
schwenkt wellenartig hin und her
schubst
drängelt
streckt die Hälse
reckt die Köpfe
hebt Schultern Hände
Fingerspitzen hoch

und ich sehe
für Sekunden nur
ihr Haar den Scheitel
die Augen leicht umflort

ihr Lächeln
das berühmte

verschwindet
hinter Kameras und
Fotoapparaten

ein Blitzlichtfeuerwerk
verschleiert es

II

zur Mittagszeit

ein Rat des Wärters –

steh ich allein vor ihr

kann Aug' in Aug'
Zwiesprache halten

ich stell bewundernd fest

wie einladend
den Kopf sie neigt
den Schleier lässig über
das gelockte Haar sie legt
die Arme vor der Brust verschränkt
gelassen
souverän

betört bin ich

vom warmen Strahl der Augen
der Lippen leicht gebogener Kontur
der Wangen sanft getönter Rundung
umspielt von ihrem
Lächeln
rätselhaft
und schön

ich frage
wo sie herkommt diese Heiterkeit
und ob sie immer mit ihr war?

sie lächelt
ein Augenblick in meinem Leben
der Maler hielt ihn fest

III

In einem alten Hotel in Izmir. Dunkelgetäfelte Eingangshalle. Die Wände behangen mit Kopien alter Meister. Der Boy bringt mich zum Aufzug. Er drückt den Knopf, der Aufzug kommt. Die Tür öffnet sich.

Ich rufe laut erstaunt: „Oh". Mir direkt gegenüber an der Wand, in Augenhöhe, gut angestrahlt, hängt das Bild – die *Mona Lisa*. Sie lächelt. Sie zwinkert mir zu. Sie heißt mich willkommen. Ich lache. Der Boy wundert sich. Ich bitte ihn, den Aufzug noch etwas anzuhalten, dann, ihn doch einige Male nach oben und unten zu fahren. Er tut es. Fragend drückt er auf die Knöpfe. Ich zeige auf das Bild.

Pfeifend verlasse ich den Aufzug. Ich werde ein paar Tage im Hotel wohnen. Und kann sie nun sehen, wann immer ich will – stündlich, täglich. Unverstellt und unverschleiert. Und allein.

IV

Das von Leonardo da Vinci (1452–1519) in den Jahren 1503–1506 gemalte Porträt stellt vermutlich die Lisa del Giocondo dar. Die Italiener nennen das Bild La Gioconda, die Franzosen La Joconde, die Deutschen Mona Lisa. Es ist heute weltbekannt, eine Attraktion des Louvre. Zigtausende Menschen kommen, um das Gemälde zu sehen. Aber es war nicht immer bekannt, es wurde erst berühmt, als es einige Jahre durch Abwesenheit glänzte.

Über 100 Jahre hing es kaum beachtet im Louvre. Nur Kunstliebhaber schätzten es. Aber dann verschwand es am 21. August 1911. Es war gestohlen worden. Trotz Sicherheitssystem, trotz Schutzkasten war es von der Wand entfernst worden. Es dauerte drei Tage bis man es vermisste. Doch dann entdeckte man die leere Stelle. Nun begann eine wilde Suche nach dem Dieb, die ausführlich von der Presse begleitet wurde. Über den Raub berichtete man in der ganzen Welt. Spott und Hohn über das mangelhafte Sicherheitssystem des Museums, über die erfolglose Suche der Polizei, mischten sich in die Berichterstattung mit ein. Das Porträt wurde veröffentlicht, auf Plakaten war es zu sehen, Kunstkarten wurden rasch produziert. Nun kannte jeder die *Mona Lisa* und jeder sprach über sie. „Hast du sie gesehen?“, hieß es bei der Begrüßung in Paris spöttisch.

Zwei Jahre lang blieb das Bild unauffindbar. Vincenco Perrugia, ein Anstreicher des Museums, hatte es abgehängt, in Packpapier gehüllt, unter den Arm geklemmt und mit in seine Kammer genommen. Dort versteckte er es unter dem Bett. Manchmal nahm er es hervor, stellte es auf den Stuhl ihm gegenüber und genoss bei einem Glas Chiantiwein die Gegenwart der schönen Frau. Er erfreute sich an ihrem Lächeln. Sie lächelte immer.

Übrigens hatte einige Jahre vor ihm schon ein anderer das Bild aus dem Louvre entfernt und zu sich nach Hause gebracht – es war Napoleon. Bis zu seiner Vebannung 1814 hing es in seinem Schlafzimmer. Auch er hatte sich verliebt in das Lächeln der *Mona Lisa* und wollte es immer um sich haben.

Die Idylle mit Vincenco und *Mona Lisa* nahm ein Ende. Vincenco, ein italienischer Patriot, war von dem Gedanken besessen, das Bild zurück in das Land der Väter zu bringen. Dort, wo es seiner Meinung nach hingehörte. In das Land des Meisters, der es gemalt hatte. Er wusste nicht, dass Leonardo da Vinci kurz vor seinem Tod (ca. 1515) – er lebte damals in Frankreich – das Bild dem französischen König Franz I. verkauft hatte. Nach der Französischen Revolution bekam das Bild eine Heimat im Louvre.

Vincenco schrieb Karten und Briefe an Galeristen in Florenz und Rom, gab an, dass er das Bild besitze und bot an, es ihnen zu überbringen. Die Galeristen waren sprachlos, sie zweifelten, sie befürchteten einen Betrug. Doch sie ließen ihn kommen. In einem kleinen Zimmer einer Pension in Florenz überreichte er ihnen das Bild. Ihr Erstaunen war groß. Auch ihre Freude, als die Echtheit festgestellt wurde. Sie dankten Vincenco, mussten ihn aber umgehend der Polizei übergeben.

Nun brach in Italien das Gioconda-Fieber aus. Man freute sich über den Fund, man war stolz darauf, dass *La Gioconda* sich nun in Italien befand. Man feierte sie wie ein nationales Heiligtum. Aber – man musste das Gemälde zurückgeben. Doch es blieb noch ein paar Wochen im Land. Jeder sollte die Gelegenheit bekommen, es zu betrachten. Es wurde einige Tage in den Uffizien in Florenz ausgestellt, in der Villa Borghese und im Museum Brera in Mailand. Viele kamen, es zu sehen. Dann wurde es nach Rom zum König gebracht. Er übergab es in einem feierlichen Akt dem französischen Botschafter. In einem Privatwagen des Expresszuges Mailand-Paris, bewacht von einer Ehrengarde, wurde es zurückgebracht. Auf vielen Bahnhöfen standen die Menschen und winkten dem vorbeifahrenden Zug zu. In der Silvesternacht 1913 wurde es im Louvre wieder aufgehängt. Frankreich und die Kunstwelt atmete erleichtert auf.

Am 11. August 2011 erinnerte man an den Raub des Bildes vor einhundert Jahren, die Freude, es wieder entdeckt zu haben. Stolz präsentierte man es im Louvre. Das Bild ging wieder um die ganze Welt. Einige fragten sich, ob *Mona Lisa* sich gerne an den Ausflug in die Kammer von Vincenco und in ihr Heimatland Italien erinnere? Manche meinten eine Antwort in ihrem Lächeln zu erkennen.

V

Schwesternstreit

Das Porträt der *Mona Lisa* von Leonardo da Vinci gemalt, hängt seit vielen Jahren schon im Louvre in Paris. In der ganzen Welt ist es bekannt. Viele kommen, um es zu sehen, zu bestaunen. Es galt bis vor Kurzem als einzige Ausführung des Meisters.

Im Dezember 2012 entdeckte man im Prado von Madrid ein Bild, das dem im Louvre gleicht. Es hängt dort schon seit 1819, vergessen fast. Es galt als trivial, bedeutungslos. Bis vor einiger Zeit jemand eine Ähnlichkeit zu erkennen glaubte. Nun wurde es betrachtet, begutachtet, geprüft. Mit Brille, Lupe, Röntgenstrahlen, ja sogar mit Infrarotaufnahmen wurde es erforscht. Und siehe da – es entpuppte sich als ein Meisterwerk, als eine weitere Variante des Gemäldes da Vincis. „Kurios" lautete das Urteil der Kunstwelt über diese Entdeckung.

Man kratzte den dunklen Schmutzbelag sorgfältig ab, frischte die Farben auf, zog die Konturen von Brauen, Wimpern, Lippen nach („*Mona Lisa* hat ihre Wimpern wieder", schrieb eine Zeitung) rötete die Wangen, schwärzte die Haare.

Farbenfrisch erschien das Bild. „Eine *Mona Lisa* nach einem umfangreichen lifting", jubelten die Feuilletons. Man legte den Hintergrund frei, eine toskanische Landschaft, erneuerte detailverliebt die Muster, Spitzen, Stickereien der Bekleidung. Und präsentierte das Porträt, im Licht von tausend Strahlern der erstaunten Öffentlichkeit. Die zweite *Mona Lisa* war gefunden. Die „jüngere Schwester" nannte man sie.

„Anders, irgendwie anders", findet ein Besucher das Gesicht. „Sympathischer", sagt ein anderer, „schöner", ein nächster. Und jemand meint, es sei „jünger". Wer hat es gemalt? Man vermutet, einer der Schüler des Meisters – Francesco Melzi oder Andrea Salai.

Leonardo da Vinci gestattete einem von ihnen in seinem Atelier Pinselstrich für Pinselstrich dem Meister nachzueifern, den Arbeitsschritten des Meisters minuziös zu folgen. Und so eine weitere *La Gioconda* zu malen.

Nun hängt die *Mona Lisa* als neue Attraktion im Prado. Nun wetteifert sie bange mit der älteren Schwester um die Gunst des Publikums. Schwestern teilen ungern. Besonders die älteren. Zu sehr sind sie schon an Bewunderung und Wertschätzung gewöhnt, als dass sie hiervon etwas abgeben möchten. Die kleine Schwester im Prado wird sich anstrengen müssen, eine eigene Ausstrahlung zu entfalten, um auch so anziehend und attraktiv zu werden, wie die ältere.

Wer wird den Wettbewerb gewinnen?

Königinnen von Jerusalem

so viele Frauen
nahmen das Kreuz
zogen zum Heiligen Land
blieben dort

residierten

im Stadtpalais
in Grafschaften

nur manchmal noch
Erinnerungen
an die wilden Stürme der Normandie
die Lieder der Troubadoure
doch bald im Kreise ihrer Frauen
im sonnigen Zypressenhain
das neue Lied:
„Oh mein geliebtes Syrien"
zum Klang der Laute und der Zymbel

sie regierten
dem Kreuz verpflichtet

verließen den Geliebten
ersetzten den toten Regenten
enterbten den Sohn
ehelichten den Kanzler – ungeliebt –
brachten den Thronerben zur Welt
boten Schutz dem Heiligtum
der eroberten Stadt

herrschten klug

führten Verhandlungen mit dem Sultan
Dispute mit den Rechtsgelehrten
Gespräche mit Emissären Diplomaten Gesandten
schlossen Verträge und Bündnisse
besiegelten Urkunden

ein Psalter
kunstfertig ausgeführt
stets aufgeschlagen
die Quelle ihrer Kraft

ihr Auftritt
im Hof der Festung
dem Vorhof des Palais
respekterheischend

dem lärmenden Gefolge
stets drei Schritte voraus

der Löwe
ihr Schoßhündchen
an der Hand

Lebensabend

der Eleonore von Aquitanien

im Jahre 1194

> sie bewunderte
> „die Lust der Dichter
> ein Lied
> aus reinem Nichts
> zu schreiben"
>
> *Regine Pernod*

Auf Burgen Schlössern und Kastellen
in England und Frankreich
residierte ich
als Königin
ritt übers Land, fuhr übers Meer
sprach Recht, verfasste Urkunden
verteilte Schenkungen und übte Milde

an einem Kreuzzug nahm ich teil

zum Lebensabend nun
das Kloster Fontevrault
zurückgezogen
in der stillen Klause
Gebet Erinnerung Gesang

Lieder liebte ich
und hörte sie schon früh

Als Kind im Park von l'Ombrière
besonnte lebensfrohe Stadt
Guihelm de Poitiers
der Sänger Dichter Liebende
nahm tanzend meine Hand
und nannte neckend mich die
Dame Elfenbein

Im dunklen Hofe der Cité
als Frischvermählte
hört ich die besten Dichter meiner Zeit
der böse Spötter Macrabu
schrieb mir zur Freud ein neues Lied
besang darin die
Plus que Dame

An Cornwalls rauher Küste
beim Liebeshof auf Schloss Tintagel
sangen sie, um rechte Buhlschaft,
Minnedienste, echte Treue stritten sie
Bernart de Ventadorn verehrte mich
Moz Azinan
den Leitstern seines Lebens

Verstoßen von dem König
gefangen auf der abgeschied'nen Burg
in Berkshires sonnenärmster Gegend
hört ich sie aus der Ferne nur
Aimeric de Pegulhan
erbat Befreiung für der
Dichter Morgenröte

Bertran de Born
Bernard Mati und Peire Vidal
sie alle, alle kamen
zur Burg von Rouen und zum Themseufer
zu preisen in Duett und Rätselform
das wahre Wesen des
fin amore

Im Klostergarten nun
der Nachklang dieser Lieder
die sie sangen

sie schmückten mich mit einer Krone
die mehr mir wert
als alle andren die ich trug:

Eleonore
der Troubadoure Königin

ward ich genannt

Epistel der Katharina von Bora

an einem Abend des Jahres 1540

Martinus!

Schlaf nicht ein,
hör' mir zu,
ich möchte mir dir sprechen,
ja
jetzt vorm Schlafengehen.

Brumm nicht!

Ich frage mich doch immer wieder
warum du den Sermon
so oft und gern zitierst
den über die Gehorsamkeit der Frau?
Du weißt doch, diese Stelle –
ja, aus dem Apostelbrief:
„dem Manne sei das Weib gehorsam."
Ich frage mich, warum?
Warum soll ich alleine nur gehorchen
und warum solltest nicht auch du
gehorsam sein?
Ja, mir.

Lach nicht!

Es hat doch alles seinen Sinn
es wirkt doch alles miteinander nur.
Gleich wert sind Mann und Frau
um neues Leben zu erschaffen
gleich notwendig
um alles Leben zu erhalten.
Sein Tagewerk erfüllt der Mann
die Frau erledigt ihres
also tun beide Gutes nur
zum Wohl und Nutzen aller.
Begreifst du das denn nicht?

Ach, protestiere nur, ich spreche trotzdem weiter!

Ich sorge jeden Tag dafür
das wir genug zu essen haben,
zig Mäuler habe ich zu stopfen,
die Kinder, das Gesinde, die Verwandten
von dir geladen und zum Tisch gebracht
und deine Herrn Scholaren.
Ich mach' sie alle satt.
Und du hälst zur Erbauung uns
geistliche Reden,
liest aus der Bibel.
So sieh uns beide an:
Das Wort alleine ist zu wenig
die Tat allein ist nicht genug
ergänzen muss sich beides,
und das tut es.
Zusammen wirken drum
der Mann die Frau.

So mutig bist du und so klug!

Die Hoffart deckst du auf
den Prunk, die Eitelkeit der Kirche
das falsche Ablasswesen,
sprichst auf der Kanzel
auf der Straße,
dein Wort geht durch das ganze Land,
die Menschen folgen dir.
Doch eines hast du nicht begriffen:
Das mit dem Mann und mit der Frau –
demütig müssen beide sein
sich gegenüber
und dem Leben.

Warte, warte, ich habe dir noch etwas zu sagen!

Auch heute hat mir deine Rede
sehr missfallen, die andre Stelle aus dem Brief,
erinnerst du dich noch?
„das Weib – den Mann es fürchte".
Ja, Martin, lieber guter Ehemann
warum sollt ich dich fürchten denn,
warum sollt ich mich ängstigen vor dir,
was solltest du mir Böses tun?

Hast du mich denn nicht lieb
und liebe ich dich denn nicht inniglich?
Es ist zwar manchmal schwierig
dich zu lieben

– wunder dich nicht, es ist so

und dir wird es doch auch so gehn.
Doch wir versuchen es
und es gelingt uns immer wieder.
uns zu lieben
doch ohne Furcht und Angst,
denn die ist ungut für die Liebe.
Vertrauen will sie und Verständnis.

Du sagst, du findest hierzu in der Bibel nichts?

Dann lies sie immer wieder!
Und wenn du dann nichts findest
so mach' dir deine eigenen Gedanken.
Das kannst du ja!
Und nächste Woche hältst du
eine neue Rede
über Frau und Mann
ja, reformiert,
sonst werde ich ...

ha, ha, hellwach wirst du auf einmal

nein, nur keine Angst,
ich werde es nicht tun
den großen Reformator korrigieren, draußen.
In unsrer Kammer nur
sag' ich dir, was ich denke.
Empfehle dir jedoch
in deinem Herzen zu bewegen meine Worte
und Taten folgen lassen.

Und nun geb' ich dir einen Kuss,
und wünsch' dir gute Nacht,
Martinus.

Gott segne deinen Schlaf!

Spiel der Kräfte

Hildegard von Bingen im Jahr 1147

zurück

bestanden
die Prüfung
vor den Bischöfen
von Mainz und Trier
meine Visionen – gewürdigt
mein Weltbild – gebilligt
die Kräuterlehre blieb unerwähnt

wieder hier

und nun
das Fest Theater Tanz

ein Loblied zur Prim
in lichtdurchfluteter Kapelle
Virgo et Virga
beide fruchtbeladen

Der Reigen der Kräfte
im Klostergarten
sonnbeschienen
tanzen und springen die Frauen
zum Klang der Flöte und der Laute
Fides et Diabolus
immerwährender Kampf

Abendlicht umspielt die Knieenden
im Chor der Kirche
Dankgebet
Komplet
Bitte um Schutz für die Nacht

allein in der Zelle

Ängste bedrängen mich Zweifel
Bilder der Verheißung
verschwimmen
mit Symbolen der Täuschung

Dunkel und Licht
Heil und Zerstörung
beides in Gott vorhanden
die Kosmosbahn
bestimmt oder ungerichtet

weiß ich den Weg

der Freude des Wissens beraubt
strauchle ich
hadere
sehne mich
brennend
nach einem geistlichen Gespräch
offen klar durchdrungen

doch ich habe keinen Freund
und Gott ist weit weg

der Atem stockt

es bleibt der Hyazinth
quer über die Brust gelegt

heilen soll er das Herz
damit es ihm wohler werde

Ordo Virtutum
ungewiss der Sieg
heute nacht

Santa MargheRITA

früh schon
der Wunsch in ihr
zu leben
nur für IHN

das harte Nein der Mutter
des Eremiten sanftes Nicken:
Gehorsamsein

Leben einer Frau im Corno Tal
Verlobung, Hochzeitsfeier, Taufe
Arbeit auf dem Feld im Haus im Berg
nur ab und zu des Kirchenjahreskreises Feste

die Männer starben bald
Paolo durch politisches Gehader
die Söhne an der Pest
bitter das Los der Witwenschaft
der Verlust der Kinder
schmerzhaft vereinsamt zu leben

inmitten allen Leides
aufkeimendes Gefühl von Freiheit

zu gehen
zur Klosterklause Cascia
anzuklopfen
einzutreten
zu erbitten die Gemeinschaft
zu erfahren
die Vereinigung mit IHM

Heilsein

sie rührte an verdorrte Zweige
ROSEN
sprossen hervor

Erinnerung

an Frau KAGA CHIYO-NI (1703–1775

im Haikustil

ein Kind noch – schon ein
Haiku – der Ruf des Kuckucks
morgens unentwegt

das Brunnenseil von
der Winde umrankt – sie holt
Wasser beim Nachbar

ihr Kind lebt nicht mehr
durch die Löcher des Wandschirms
ziehen die Winde

das Herz der Frauen
auslüften wie Kimonos –
fordert sie klagend

sie trank das klare
Frühlingswasser – die Lippen
bleich und ungeschminkt

im Klostergarten
im Kreis der Nonnen – Renku
schreiben und lesen

auf dem Sterbebett
ein Jisei – Abschied von
der Welt, dem Mond – ah

Merhaba

Große Sitzende

Stolz
thronend auf steinernem Stuhl
den vollen Leib
starke Schenkel
pralle Brüste
dargeboten
Scham
los

Löwen zähnefletschend
an deiner Seite
gebändigt
von Händen schwer
gezwungen ihre Schwänze
um die Schultern zu winden
Demuts
voll

Bänder
majestätisch geschlungen
um kahlgeschorenen Kopf
hocherhobener Stirn
dem Blick zielgericht
gebieten
Ehr
Furcht

von jedem
der sich Dir nähert

in sakral geweihter Stätte
dem Viereck aus Lehm

gläserner Vitrine
des nüchtern kahlen Museumsbaus

Große Sitzende
Merhaba

Ausgrabungsstätte

Frauen aus den Metropolen reisen in den Süden der Türkei. Zur Ausgrabungsstätte Catal Hüyük. Ein Ort ehemals matriarchaler Lebensform soll sie sein.

I

Tief in den Boden drang der Spaten. Schichten erkannte man und nummerierte sie. Reste von Fundamenten wurden freigelegt, von flachdächigen Hausern, in Gruppen angeordnet, fensterlos, Eintritt über den Dachbereich. Erde wurde ausgehoben, beiseite gehäuft, vorsichtig gesiebt. Alltagsgegenstände fand man, Spuren weiblicher Lebensform.

II

Ein Kessel, verziert. Ein Topf auf einen Dreistock gestellt. Der Rest von einem Webstück. Krüge der Vorratshaltung, Reste von Beeren, Erbsen, Linsen. Stolz präsentiert die Führende ein Samenkorn.

III

Sorgfältig aufbewahrt Schmuckstücke der Frauen. Nadeln aus Knochen, Perlen als Ohrgehänge, Steine zu Ketten gereiht. Ein Obsidian, blank geschliffen, diente als Spiegel.

IV

An Wänden, freigelegt, rote und schwarze Zeichnungen – Fresken. Springende Hirsche, jagende Figuren. Schwangere Amazonen, mit einem Leopardenfell umgürtet, tanzen, Männer hocken in wartender Stellung vor ihnen.

V

Ein Viereck aus Lehm. Ein besonderer Raum. Eine sakrale Aura durchweht ihn.
Eine Wand bemalt mit einem großen springenden Stier. Über einer altarartigen Erhöhung Stierköpfe,

nebeneinander aufgehängt. Unter ihnen der Raum verziert mit vielen ausgespannten Händen. Man sagt, der Stier sei ein geheiligtes Tier in Anatolien seit alten Zeiten. Die Stierhörner bilden das Rund des Mondes nach. Eine Würdigung des weiblichen Zyklus. Der Mond seine Entsprechung.

VI
Ein beeindruckender Fund: Die Statuette der großen Muttergöttin. Auf steinernem Stuhl thront sie. Ihre Haltung ist majestätisch stolz. Löwen bewachen sie. Die gespreizten Schenkel signalisieren Bereitschaft: zu empfangen, zu gebären. Zwischen ihren Füßen der Kopf eines neugeborenen Kindes, das sie beschützt. Symbol des Lebens, der Schöpfung?

VII
An einer Wand Bezüge zur Gegenwart. Frauen aus den Dörfern der Umgebung schreiben ihre Ansichten auf. Wir lesen auf kleinen Zetteln:
Hier hatten die Frauen viel zu sagen. / Man sieht, dass die Frauen geehrt wurden. / Man weiß nicht, ob die Frauen auch regierten. / Dass die Frauen so nackt sind, ist nicht schön. / Es ist gut, dass man sieht, was die Frauen damals alles machten.

VIII
Nachdenklich sitzen die Frauen der Reisegruppe im Kreis. Sie diskutieren, deuten, interpretieren. Gab es ein Matriarchat? Die alte Frage – und keine neue Antwort. Die Archäologin nickt und sagt, sie werden weiter graben, weiter suchen.

IX
Liebevoll betrachten die Frauen die Repliken der Statuetten. Sie kaufen sie und nehmen sie mit in die Metropolen der Welt.

Catal Hüyük

sanft gerundete Hügel
inmitten weitkarstiger Ebene

mythenumhüllt

Schätze bergend
Spuren archaischen Lebens

Kopftuch umhüllte Mädchen
jäten das Kraut im Feld um die Hügel
hacken und graben die Frucht

finden
Figurinen dickbäuchig barock / Statuetten
breithüftig gesetzt / pralle Brüste / großer Nabel /
das Dreieck der Fruchtbarkeit
eingeritzt

sie lächeln erstaunt / kichern / tuscheln
stecken die Funde
in die Schürzentasche
verschämt

doch
auf dem Fenstersims gesammelt
steht manchmal
eine Feldblume
davor

Artemis

Vielbrüstig lehnst du als Schneeball
schaumig den Zäunen dich an
Göttin aus Ephesus
Elisabeth Langgässer

Göttin
von wundersamer Wesensvielfalt

Herrin der Tiere / Patronin
der Jagd / jungfräuliche Frau /
Herrscherin / Dienerin / lärmende Jägerin/
würdige Tänzerin

die Pilger in Ephesus
bitten gläubig
um ihre Huld

Insignien der Stärke
verkörpert ihre Statue

Stadtmauern
die Krone
Hodenbrüste
der Halsschmuck
Pfeil und Bogen
die Zierde des Saumes
tanzende Hirsche jagende Löwen reißende Eber
schmücken den Rock
Schlangen und Panther
umwinden den Arm

staunend schauen
die Pilger empor
erflehen Schutz

die lachende Tochter des Zeus
preisen die Pilger
die jubelnde/tosende/lärmende/singende
die jauchzend
durch die griechische Bergwelt zieht

hoffen auf Anteil
an ihrer Freude

geheimnisvoll lächelt sie

die Göttin
schenkt ihre Gunst dem
den sie liebt

Im Tempel

Frauen aller Zeiten aller Welten
pilgern zu ihrem Tempel in Ephesus

rufen sie an
Artemis die große Göttin

Oh Schutzgöttin der Gebärenden
singt die karische Frau
möge meine Geburt sanft verlaufen

eine Statuette legt sie auf den Altar

als froh singende tanzende Göttin
preist sie die lydische Frau
bittet um das Gelingen ihres Festes

Armreifen breitet sie aus

Göttin der Spindel
betet die griechische Frau
hilf mir den Teppich zu weben

eine Goldfibel reicht sie ihr

die Göttin der Fruchtbarkeit
ruft die Römerin an
hofft auf eine gute Ernte

schillernde Pfaue schenkt sie ihr

die Byzantinerin
erinnert die züchtig jungfräuliche Göttin
zu segnen ihre Tochterbraut

Edelsteine holt sie hervor

alt und gebrechlich im Heiligtum
kniet die Hethiterin nieder
bittet um einen sanften Tod

sie zündet das Licht in der Öllampe an

KYBELE

Frau
der phrygischen Bergwelt
Urmutter der Schluchten
selbstzeugend den Sohn, den Geliebten
den schönen Knaben
Attis

sie lehrt ihn die Jagd
ebnet die Pfade
füllt den Köcher
lenkt seinen Pfeil
schenkt ihm die Beute

hütet ihn eifersüchtig
im heiligen Hain

Weihrauch ihr Zorn
da er flieht

ihn verfolgen
mit lärmenden Jägerinnen
kreischenden Korybanten
lefzenden Dämonen
ihn aufhetzen
mit schrillen Weidenschrapen /
Rasseln / dem dumpfen Klang der Hirtenflöte

ihn töten
mit dem Schwirrholz
das seine Schläfe trifft

Bernstein ihre Tränen
da er stirbt

wo sein Blut
zur Erde tropfte
lässt sie eine Pinie wachsen
umkränzt von blassblauen Veilchen

hier
wartet Kybele
auf ihn

Idole

Haibun

Wir reisten in die Türkei. Eine Gruppe von Frauen, zur Ausgrabungsstätte.

Catal Hüyük. Hier wurden auffallend viele weibliche Figuren und Statuetten gefunden. Sie sind barock geformt, beleibt, breithüftig, vollbusig. Das Fruchtbarkeitsdreieck ist deutlich eingeritzt in den Ton. Sind sie ein Symbol des Lebens?

Vorsichtig reicht die Archäologin eine Figur im Kreis herum. Wir halten sie ehrfurchtsvoll in der Hand. Es ist angenehm ihre Form zu fühlen. Sie ist das Glanzstück der Sammlung, eine Figur mit spürbarer Ausstrahlung. Man nennt sie die „Große Muttergöttin". Aufrecht und hoheitsvoll sitzt sie auf steinernem Stuhl. Der pralle Busen, die gespreizten Schenkel, das neugeborene Kind zwischen ihren Füßen deuten auf die Geburtssituation hin. War sie die Schutzgöttin der Gebärenden?

Eine andere Figur stellt eine hockende Frau dar. Beine und Schenkel sind kraftvoll geformt. Sie hat ihre Arme hoch erhoben, hält mit ihren Händen die vollen Brüste fest umschlossen. Sie bietet sie dar. Ist sie das Bild der Lebensspenderin ?

Eine Figur mit weiblichen Zügen ist über und über mit Punkten geschmückt. Sie steht hinter einem Leoparden. Sie zähmt ihn, sie führt ihn, sie leitet ihn. Ist sie die Göttin der Jagd ?

Auch Mutter und Kind werden dargestellt: In einer zärtlichen Umarmung. Sanft schmiegt sich das Kind an die Mutter, die hält es liebevoll umschlungen. Eine Huldigung des Mutterseins?

In einem Verkaufsstand hat der Wärter Repliken der Figuren aufgestellt. Eine kleine Heerschar großer Göttinen. Kraftvoll, freudestrahlend, stolz. Noch immer strahlen sie Würde und Macht aus. Man kann sie kaufen. Und wir kaufen sie. Eine, mehrere, viele. Eingewickelt in Zeitungspapier werden sie vorsichtig in das Reisegepäck gesteckt.

Nach einigen Wochen besuche ich die eine oder andere Reisegefährtin. Und ich entdecke die Statuetten an den unterschiedlichsten Orten. In einem Regal über dem Herd, neben dem PC, auf dem Fernseher, als Beschwerer auf einem Stapel Papier, auf dem Nachttisch im Krankenhaus. Die eine oder andere gesteht mir, dass sie die Göttin manchmal um Beistand bittet.

die alte Figur
wundert sich – immer wieder
ein neues Gebet

Harem

weggeschlossen
die Sonne
die Frauen

tausend schlürfende Schritte
durch Flure dunkel
vorbei an Silhouetten verhüllt
Fensterbögen vergittert
tastenden Händen an Türen
verschlossen

hundert Leiber im Hamam – nackt
genießend den Dampf
um die Brüste die Scham
sich erinnernd
an die Lippen des Sultans
einstmals flüchtig

kalte Hände und Füße
um das Kohlebecken
aufglühend des nachts
in einsamer Kammer
die Haare gelöst
den Kopf zurückgeworfen
träumen

von den Schmetterlingen

die sonnentrunken
über die Meerenge fliegen
das offene Wasser
der Weite zu

Frauen – Kadinlar

zwei Frauen
zwei Leben
türkisch deutsch

die selben Gedanken
die selben Forderungen
der selbe Kampf

sie kannten sich nicht

Lebenstelegramm Halide Edip Adivar

(1882–1964)

Früh schon erkannt das Gesetz des Mannes: Frauen nehmen / verstoßen / ersetzen. Nach seinem Belieben.

Gut bestellt das Haus der Kindheit. Große Räume / üppige Gärten / viele Verwandte / devote Dienerschaft. Wohlgefügte Hausgemeinschaft.

Dann kam die zweite Frau.

Die Mutter klagte. Die Mutter blieb. Die Frauen weinten. Die Wärter liefen verstört umher. Die Kinder unterbrachen ihr Spiel. Odalisken spendeten Trost. Sie fragte: Warum? Das Mädchen der osmanischen Gesellschaft.

Sie lernte. Las. Diskutierte mit ihrem Lehrer. Liebte ihn. Tauschte Ideen aus: Die neue Gesellschaft / Der neue Mensch / Geschlechtergleichheit / Das neue Paar / Die Treue. Die Beide leben wollten.

Dann kam die zweite Frau.

Tag der Enttäuschung. Tag der Trauer. Tag der Erschütterung. Tag der Verzweiflung. Doch sie blieb nicht. Sie ging. Die junge Frau der pantürkischen Gesellschaft.

Sie legte das Kopftuch ab. Schnitt die Haare ab. Kürzte den Rock. Setzte den Federhut auf. Zündete sich eine Zigarette an. Tat einen tiefen Zug. Blies den Rauch keck in die Welt hinaus.

Und kämpfte. Für die Frauen / Für die Gleichberechtigung / Für das Wahlrecht.

Gründete Schulen für Mädchen. Lehrte an Gymnasien und Universitäten.

Sie schrieb: Bücher / Artikel / Reden / Romane:
Die neue Frau in der neuen Gesellschaft.

Formte die Gesellschaft mit als: Politikerin / Beraterin / Wegweisende.

Erlebte eine neue Partnerschaft. Gleichberechtigt mit gleicher Zielsetzung.

In Ankara ein letztes Foto. Gelassen auf dem Sessel sitzend. Umringt von Büchern. Zurechtgerückt die Brille. Zwischen den Fingern die glühende Zigarette. Frau der republikanisch-türkischen Gesellschaft. Ihre Lippen formen ihr Lieblingswort:
Hayir – Nein.

Lebenstelegramm Gertrud Bäumer

(1873–1954)

Früh schon erfahren: Abhängigkeit.

Früh schon erlebt: Armut der Frauen.

Früh schon erkannt: Bildung ist Macht.

Sie las und lernte. Studierte. Promovierte. Lehrte.
Sie stritt und diskutierte im Kreis von Gleichgesinnten.
Der Kampf um Freiheit.

Sie gründete das Magazin: Die Frau.
Sie leitete die Redaktion.

Schrieb Reden / Essays / Aufsätze / Artikel

Sie klagte an die finanzielle Not der Frauen / Ungleichbehandlung / Ungerechtigkeit.

Sie forderte das Recht der Frauen auf selbstbestimmtes Leben / Berufe selbstgewählt / Einkommen selbstverwaltet.

Sie kämpfte mit für das Wahlrecht der Frauen.

Im Reichstag war sie vertreten. In Ministerien und Ämtern. Demokratie aufbauen und gestalten war ihre Aufgabe.

Ihr Interesse galt den starken Frauen der Geschichte. Sie schrieb Romane/Erzählungen/Geschichten. Vorbilder für die neue Generation.

Sie lebte ohne Vormund ohne Heirat ohne Mann.

Sie liebte eine Frau. Lebte partnerschaftlich mit ihr zusammen.

In Berlin, dem Zentrum der neuen Zeit.

Frei ist die Frau ward sie nicht müde in die Welt zu rufen.

Aufstieg am Morgen

des denkwürdigen Tages im September 1993
so viele Frauen Neuseelands
stapfen den Berg hinauf
zum Gipfel
der Suffragetten gedenkend
und ihres Kampfes
sich kritisch fragend
was sie erreichten?
jede eilte klopfenden Herzens
zum Archiv
schaute nach ob die Großmutter
damals – vor 100 Jahren
auch unterschrieben hatte
die Petition
zum Frauenwahlrecht ?
Anne Watson aus Timara
keucht neben mir
auf steinigem Pfad
berichtet stolz
dass ihre Tante Margret W.
noch vor
Kate Sheppard der Gallionsfigur
die Unterschrift geleistet hatte
man beneidet sie
und ich sinne nach
wovon wohl meine Großmutter träumte
damals hart arbeitend auf dem Feld?
oben angekommen
stehen wir vor grauem Himmel
dunkle Silhouetten die warten
auf die Morgenröte
um beim ersten Strahl der Sonne
auszubrechen
in Gesang Gebete Rufe
Bänder fliegen Fahnen wehen
Blumen werden ausgestreut
Kränze hingeworfen Lichter angezündet
ein Händedruck ein Wangenkuss

Umarmungen und gute Worte
des Dankes voll
und voll der Hoffnung

und dann laufen wir den Berg hinab
holpern und stolpern
über den steinigen Pfad
hungrig und durstig
freuen wir uns
auf das Frühstück
unten

auf das

Suffrage Breakfast

Ahnengalerie

Marianne Backhaus

heiratete mit achtzehn

oft war er nicht da

dann melkte sie dreizehn Kühe
mistete den Stall
mähte das Gras
erntete das Heu

manchmal war er bei ihr

die Angst sich neben ihn zu legen
zehn Geburten und drei Fehlgeburten
einige nässten lange ein
zankten sich
verließen das Haus

dann kam das Wasser zu ihr
ließ die Füße anschwellen
stieg bis ans Herz
machte das Atmen schwer

am Ofen im Halbdunkel
die Hände nahe der Glut
klagte sie der Tochter der Fremden

ihr Leid

mich schaut sie an
streng
zurückgekämmt die Haare
hochgeschlossen das Kleid

aus einem Rahmen
schwarzgebeizt

erstaunt
über mein Leben

allein
von Büchern umgeben

Maria

deren Name ich vergaß

lächelt sanft

die Haare weich gewellt

Spitzenkrägelchen auf schwarzem Tuch
Knöpfe aus Perlmutt
eine Brosche am Revers

im Dorf mit ihm
die Träume von der Stadt
sie richteten sich in der Vorstadt ein
immer bemüht
die karge Wohnung
auszuschmücken
zu verdecken ihre Armut
mit Linnendecken, Häkeldeckchen
Wachstuchdecken Tischtuchdecken
einem Flickenteppich auf dem Boden

fünf Töchter
wollten verheiratet sein
Schwiegersöhne
mussten angelockt
und angebunden werden
szybko szybko
eine ging fort
in die Fremde
widerstrebend

sie sah sie nicht wieder
mich sah sie nie

ihr Gesicht im Rahmen
weiß umwölkt

erfreut
über mich
und meine Bluse aus Seide

handbemalt

Konsultation der Frau Martha Freud

wohnhaft Wien, Berggasse 90

Herr Doktor,
ich hab's nicht leicht mit meinem Mann!

Berühmt ist er als Seelenforscher
bekannt, beliebt als Seelenarzt
jedoch der Wohlstand der bleibt aus
noch immer leben wir in einer kleinen Wohnung
die Kinder drängeln sich hierin
Verwandte, Freunde, selbst Kollegen
ein Zimmer nutzt er als Behandlungsraum
geduldig warten die Patienten auf dem Flur
tagtäglich sind es viele
doch bringen sie nichts ein
auch weil er sich geniert
die Honorare zu erhöhen –
knapp hält er mich
mit unsrem Haushaltsgeld
oft bat ich ihn darum es zu erhöhen
wir stritten uns er lehnte ab
kaum hört er meine Sorgen an

Verschreiben Sie ein Stärkungsmittel mir,
Herr Doktor.

Geschichten erzählen sie ihm stundenlang
auf unsrer Couch, mit meiner schönsten
Diwandecke dekoriert
in Ohnmacht fallen sie und haben Krämpfe
leiden an Nervenfieber, an Konvulsionen
und keiner weiß warum
ich hab' so meine eigne Meinung:
Auf Einbildung beruhen diese Leiden
und meine schlaue Paula sagt:
„Sie haben nichts zu tun
haben zu viel Zeit zu simulieren,
diese Herrschaften"

doch er nimmt ihre Klagen ernst
gibt ihnen keine Medizin
vom Operieren hält er nichts
nur sprechen sollen sie mit ihm
aber – kann denn nur Reden helfen ?

Verschreiben Sie mir Baldrian,
Herr Doktor, ich muss zur Ruhe kommen.

Die Weiber sind ganz wild darauf
die höh'ren Töchter, Ehefrauen,
Blaustrümpfe und Prinzessinnen
mit ihm zu sprechen stundenlang
immer über das Eine nur
sie wissen schon
die kleine, flüchtige Geschichte in der Nacht
die auch ich manchmal erlebe
doch ohne hier ein Aufhebens zu machen
ehrlich gesagt, ist sie mir oftmals lästig
und denk ich an die Konsequenzen
die Schwangerschaften, die Geburten,
Versorgung und Erziehung unsrer Kinder
die mangels Geld
nicht immer unserm Stand gemäß verläuft
vergeht mir oft die Lust
und ich entziehe mich –

Verschreiben Sie ein Mittel mir
für guten Schlaf, Herr Doktor.

Und seine Reden, Seminare,
Vorträge, Konferenzen,
behandeln doch auch wieder nur
das eine Thema
und alle kommen sie und hören zu
auch hier sind Frauen wiederum die Eifrigsten
notieren was er sagt
verbreiten seine Theorien:
das Lustprinzip, die Libido

die Träume und das Unbewusste –
wenn Sie mich fragen, lauter Luftgespinste
doch bin ich manchmal eifersüchtig
auf Salomé, die Bonaparte, Sokolnicka, Hilferding
die sich vertraulich um ihn scharen
und mit ihm diskutieren
mich lässt er außen vor

Verschreiben Sie ein Mittel, das mich tröstet,
das mein Herz mir stärkt, Herr Doktor.

In Büchern Zeitschriften und Magazinen
beschreibt er eine neue Art zu heilen
die Psychoanalyse
seine rätselhafte Redekur
und ich befürchte,
dass man ihn verlacht
in Aufsätzen und Buchbeiträgen
erklärt er die Neurosen
gesellschaftlicher Druck soll hier das Übel sein
– wir kommen doch nicht ohne aus
die psychosexuellen Nervenleiden
haben Sie dies Wort schon mal gehört, Herr Doktor?
Frigidität, Orgasmusstörung, Hysterie der Frauen
benennt er
verletzt die Konventionen, bricht ein Tabu
empört beschimpft man ihn
wir werden alle unter dieser Häme leiden müssen

Doch er versucht
von allen Spöttern unberirrt
die Ursache herauszufinden
und fragt,
so hör' ich
immerzu:
Was will das Weib?

Herr Doktor, ob Sie's glauben oder nicht:
Mich fragt er nie.

Verschreiben Sie mir eine Kur
ich möcht' alleine sein
für eine lange Zeit.

Frau Emma Darwin

beharrlich stark
an der Seite
des Genies

all die Jahre

voll des Vertrauens
zweifelte er

spendete Trost
in Tagen der Bedrängnis

aufopfernde Pflege
in Zeiten der Krankheit

munterte auf
sein entmutigtes Herz

lenkte ihn ab
wurde er kritisiert

kraftgebend
fühlte er sich schwach

Akzeptanz seines Lebens
der Suche nach Erkenntnis

inmitten der Tiere
in Garten und Haus gezüchtet
der Pflanzen
in Küche und Schlafraum kultiviert
Skelette nummeriert
auf der Fensterbank gesammelt

geduldig lauschend
seinen Worten

die den teapot umkreisten die scones
Theorien und Ideen
zum breakfast serviert
Naturgesetze beim lunch erläutert
am Kamin des abends
die Frage nach god

ohne zu Zittern
goss sie den Tee ein

manchmal jedoch
allein in der Kirche
ein Gebet
für ihn
sein Seelenheil

das prayerbook
hielt sie versteckt

Sacajawea

Bird Woman

ich bezweifle
ob sie dich fragten
dein Mann, Franzose, Pelzhändler,
ein ne'er-do-well
Lewis and Clark
Captains, Leiter der Expedition
die Männer
Grenzgänger, Abenteurer, Trapper
ob du mitkommen wolltest
auf die Suche nach dem Trail
von den Mountains zum Pacific
du und dein Baby
gerade geboren
auf dem Rücken getragen
nach Indianerart

sie kalkulierten

du könntest brauchbar sein

bei Verhandlungen mit Chiefs
bei der Besänftigung von Kriegern
beim Tauschgeschäft mit Häuptlingen

„Ambassadress" riefen sie „sprich"

du könntest nützlich sein

bei der Nahrungssuche
dem Flicken der Kleider
der Versorgung der Kranken

„Squaw" klagten sie „hilf uns"

du könntest sie unterhalten

mit deinem Lachen
den Liedern und Geschichten
Tänzen und Klängen deiner Art

„bring the boy" bettelten sie
abends am Feuer

oft witterstest du
unerwarteterweise
die richtige Fährte

sie folgten dir
erreichten das Ziel

ich bezweifle
ob sie dich fragten
wie du leben wolltest
nach der Heimkehr

man verabschiedete sich

die Männer erhielten ihren Lohn
ein Händedruck für dich

du nahmst das Kind und gingst

man vergaß dich

heute
segelte gelassen
ein großer Vogel
über den Interstate 70

ich sah ihm nach
für eine Weile

Melancholie

eifersüchtige Frau
Mutter
die ihr Kind nicht entlässt
nicht zum Spielen Lernen Tanzen
bei ihr muss es bleiben
die schwarzen Haare flechten
die welken Hände küssen
die schmerzenden Schläfen kühlen

ich untreue Tochter
schlich mich davon
um mit den Schmetterlingen zu tollen
sie aber weinte
und rief mich zurück

nun sitzen wir hier

sie in ihrem Sessel
aus Astern und Stroh
ich zu ihren Füßen
mit Algen im Haar

Märchen

zu Bacharach am Rheine
wohnt eine Zauberin
Brentano 1801

jetzt kenn ich dich – Gott steh'
mir bei! Du bist die Hexe Lorelay
Eichendorff 1814

... und sang dir die Lurlei mit bleichem Mund,
mein Sohn, so ist es geschehn
Simrock 1840

ein Märchen aus alten Zeiten
Heine 1824

Männer
rühmten
sie schon früh
reimten Verse
sangen Lieder
schrieben Reime
lobten liebten fürchteten
dich sehr
Mythos
blond
auf steilem Fels

noch heute stehn sie ergriffen
auf dem Kahn dem Boot dem Luxusliner
starren zum Felsen
sehen durch Zweige
silbern oszillierend
hinter Baumstämmen mutierend
durch Lüfte vibrierend
weiß anmutiger Laib

Japaner strecken die Hände
schaut – ihr goldnes Geschmeide blitzet

Franzosen zweifeln und sehen doch
die schönste Jungfrau dort sitzen

Spanier rufen entzückt
ihr Haar – sie kämmt es mit goldenem Kamme

Engländer fragen kopfschüttelnd cool
ich weiß nicht was soll es bedeuten

nur der Männerchor – deutsch – ist fest überzeugt
das hat mit ihrem Singen ...

sie recken die Hälse
winken
blinzeln
murmeln
verstummen
lauschen entzückt
dem Lockruf
süß
der aus der Felswand tönt
folgen ihm
schwanken
wanken
stürzen hinab
in die Fluten
betört
todbringender Vereinigung zu

schön goldne LORE
auf grauem LAY
Sirene am Rhein
Du hast es den Männern
angetan

Denk Mal

Frau Germania

unübersehbar
stolz und ehern
grau steinern
aufgerichtet
auf hoher Weinbergkuppe
Kämpferin
so viele Jahre schon

drohend gestreckt
dein rechter Arm
die linke Hand
das Schwert fest kriegerisch
umklammert
zum Streitzug vorgestreckt der Fuß
befehlend ordnend
Heerzug und Heimkehr
kriegslüstern trauernder Soldaten

verächtlich abgewendet
dein Gesicht

doch
wer ist dein Feind
und wem gilt deine Drohgebärde
weißt du es noch?

komm
lass den Arm herunterfallen
er muss ermüdet sein
die Krone ist gewelkt
das Schwert inzwischen
unmodern geworden

komm
setz dich zu uns hin
zu mir
und diesem bärt'gen Alten
mit seiner sinnenfrohen Tochter
wir nehmen dich in unsre Mitte
lassen die Beine baumeln
über Sockel und Relief
emphatisch aufgereckter Männer
bedeutungslos ihr Schwur doch längst
das Säbelrasseln der Gardisten
der dumpfe Trommelschlag
passe'

wir lassen unsre Blicke schweifen
übers Tal
schau'n dem Wasser zu
dies silbern blaue Band
das sich um schroffe Felsen
unermüdlich windet
erfreuen uns an Hügeln
rebstockreihenüberzogen
die jedes Jahr
den neuen Wein uns schenken
süß und herb
wie wir es grade mögen

lös deine Locken
laß im Wind sie fliegen
wirf ab den Kranz aus Eichenlaub
er drückt
schüttel' den Kopf
und lache laut
wenn ich dir sage:
dein Auftrag
er ist längst verjährt

die Wacht am Rhein
sie ist beendet

und darauf trinken wir!

und auf den Friedensboten
an deiner Seite
blumenkranzgeschmückt

der Lorbeerzweig
kess aufgesteckt
verheißt
Versöhnung

Denk dran

Germania

Frau Bacchus

ach
Sie wussten nicht
dass er verheiratet ist?
doch
mit mir
einer Frau die warten kann

einen schweren Beruf hat er
jede Nacht unterwegs
am Wochenende doppelter Einsatz
an Feiertagen kaum zu schaffen
den Zechern und Mänaden
zu erscheinen
im grüngefußten Römer
tulpenförmigen Rieslingglas
pausbäckigen Pokal

schon als junger Mann
entdeckte er sein Talent
die Weinglückseligkeit der Menschen
zu wecken
steigern
überschäumen zu lassen
und er nutzte es

damals
begegnete er mir im Weinberg
verführte mich
unterm Olivenbaum
kam freudig erregt
nach Hause
später klagte er
über die Bürde seines Tuns
wir liebten uns schon seltener
heute ist gar nicht mehr daran zu denken
torkelnd
stammelnd
lallend
fällt er ins Bett
und schnarcht

am Nachmittag verlangt er seinen
Antikatercocktail
Wodka mit Schlehensaft
und einem Spritzer Angostura bitter
und schon zieht er wieder los

mich nimmt er nie mit

er fürchtet
das ich den Wein auch
lieben lernen könnte

der Narr

ich genieße ihn doch längst heimlich
wenn ich auf ihn warte
und dann erscheint auch mir
sein wollüstiges Gegrinse
im bleikristallnen Glas

auf dich
du Göttergatte

ach
ich darf nicht vergessen
morgen deinen Thyrsos
mit frischem Efeu rotem Weinlaub
neu zu schmücken

sie sollen dich erkennen
die Bacchantinnen
dir folgen
und bezahlen
für den Zug
den rauschhaften
durch die Nacht

ach
spät wird es heute wieder werden

Fräulein Nikolaus

ja
sie haben richtig gehört
Nikolaus
die Schwester des heiligen Mannes

Haushälterin und Sekretärin
Beraterin und Assistentin
die sogenannte „rechte Hand"
von Myras großem Bischof

mein Bruder ist ja sehr beschäftigt
seitdem er das
„Beglückungswerk für Kinder"
gründete
erfolgreiche Geschäftsidee
doch arbeitsintensiv
das ganze Jahr über die Vorbereitungen
und dann zur Weihnachtszeit
der Einsatz
pausenlos

nur eine Frage der Logistik
sage ich
geschult in diesem Sachbereich:
rechtzeitige Bestellung
korrekte Lagerhaltung
Verpackungseffizienz berechnen
Distributionssysteme checken
Auslieferungen überprüfen
Zulieferparks rechtzeitig informieren
und dann den Einsatz
die Besuchstermine
minuziös organisieren
mit Bahn und Schlitten
Flugzeug Limousine Auto
und auch per Fahrrad
erscheint der Nikolaus am Einsatzort
und überreicht Geschenke

im Vorhof tief verschneit
dem Zimmer Kerzenlicht verklärt
durch zweiggeschmückte Wohnungstür
und Fenster sternenblinkend hell
selbst durch den Schornstein
den Kamin
muss er sich zwängen
um Päckchen auszupacken und zu überreichen
Händchendrücken Köpfekraulen Wangentätscheln
begleitet vom
tiefgestimmten

Ho Ho Ho

er hat auch einen Mitarbeiter
Knecht Ruprecht Krampus Gangerl
Pulterklas Hans Muff genannt
der schwarz verhüllt und kettenrasselnd
ihn begleitet
die Rute schwingt
die Kinder ausschimpft
schlecht benotet
und in den Sack zu stecken droht
ich sage immer „Schwarze Pädagogik"
Spaß für Erwachsene
und Unheil für die Kinder
ich rede ab und zu mit ihm
dem heil'gen Mann
ich bitte ihn
den Ruprecht nicht mehr mitzunehmen
dann winkt er ab:
die richtige Erziehung sei nun mal Männersache
ich protestiere
aber werde überstimmt

doch
wenn ich all die kleinen Päckchen schnüre

schmuggel ich so hin und wieder
ein kleines Sprüchlein rein
für Bärbel und den Hans
aufmunternd
anerkennend
und voll des Lobes
über sie

und später hör' ich
dass sie sich gefreut

nun
ruft er wieder laut nach mir
und bittet mich
den Anzug – rußgeschwärzt – zu säubern
die Stiefel fein zu putzen
den Kamm zur Pflege seines Bartes hinzulegen
zur Vorbereitung auf den nächsten Einsatz
so wie ich im Notizbuch lese:
Weihnachtsfeier eines Unternehmens
er soll dort eine Rede halten
soll aufmuntern und Lob verteilen
auf das die Menschen
fleißig bleiben
ich glaube
den Hans Muff nimmt er nicht mit

ja, ja
ich komme

er hat doch schrecklich viel zu tun
mein großer Bruder

aber
mit meiner Hilfe
schafft er's schon

Ho Ho Ho

Romantische Frau

Auguste Bußmann

An die Herren Romantiker

ihr schreibt Gedichte
ich lebe sie

ihr feiert die Liebe
ich liebe ihn

ihr verherrlicht die Sehnsucht
ich sende ihm flehentliche Briefe

ihr parliert über die Zärtlichkeit
ich liebkose

ihr formuliert Liebesworte
ich flüst're sie

ihr beschreibt die Umarmung
ich werfe mich an seine Brust

ihr träumt von der Leidenschaft
ich wälze mich im Bett

ihr lobt die Treue
ich schwöre den Eid

ihr deutet die Trennung
ich reiß mir die Kleider vom Leib

ihr spielt mit den Gedanken um den Tod
ich
nehme
ihn
mir

heute Nacht
im Fluss

inbrünstiger Kuss

Henriette Vogel

Erinnerung an sie im Kleistjahr 2011

Schatten der Zweige
windbewegt
streifen den Grabstein
den kleinen
spät erst gelegt
gebührender Abstand
zum Gedenkblock
dem großen ehern graniten gesetzt
heute mit einer Rose geschmückt

Strahlen der Sonne
gleiten über den Quader
sandsteinfarben hell
zuckende Zeichen der Vergänglichkeit
lassen aufleuchten
ihren Namen
das Jahr des Todes der Geburt
Spanne des Lebens
so kurz

Amselgezwitscher
unter fahlgelben Föhren
erinnert an die Stunde damals
am Ufer des Sees
sie schrieben Abschiedsbriefe
beider Herzen
von Schwermut erfüllt
Todessehnsucht

drei Pistolen auf dem Tisch

ihr galt der erste Schuss
der zweite ihm selber

die Schläge der Kirchturmuhr
aus dem Dorf nahebei
hallten zur Beisetzung
durch die Nacht

auch heute
erklingt ihr mahnendes Memento

ich pflücke Anemonen
und lege sie vor den Stein
den kleinen

Luiska

nannte er mich zärtlich
(wir sprachen alle etwas polnisch damals
in der Region um Lubowitz)
zog spielerisch an meinen Zöpfen
umarmte
neckte
liebkoste mich
auf dämmervollen Pfaden
zwischen Schloss und Hof
im Gras am Bach
im Wiesengrund

so schöne Worte kannte er
verführte mich

verfrüht die Schwangerschaft
die Hochzeit übereilt
missbilligt von Eltern Freunden
die Haushaltsgründung mittellos

der Bruch mit den Familien
Verlust von Heimat und Geborgenheit

ich klagte nicht

die Suche
nach dem Einkommen dem Amt
von Breslau bis nach Königsberg
zog sie sich hin
die letzten Jahre in Berlin
der Umzugswagen blieb nicht stehn
ich packte ihn
mit Möbeln Hausrat seinen Büchern
nahm unsre Kinder an die Hand
die Tiere an die Leine

ich folgte ihm

sein Schreiben
immerzu
Gedichte Verse sehnsuchtsvolle Lieder
in jeder freien Stunde
neben Aktenbergen Protokollen
Berichte Gutachten Notizen
Erinnerungen
an die freudevolle Kindheit
Sehnsucht nach wohlgeformter Heimat
die Größe der Natur lobpreisen

ich lauschte

der Lebensabend nun
in der geliebten Landschaft
Schlesien

ich ruhe aus

nur manchmal noch
ein Buch in meiner Hand

die Widmung
sein Gedicht

Wir sind durch Not und Freude
Gegangen Hand in Hand ...

ich seufze tief:

gut war das Leben
dobrze dobrze

Sapphos Klage

Eine Nachdichtung

zu sehen
dass man älter wird
ergrautes Haar
faltig die Haut
schmerzende Knie
und Beine die nicht mehr tragen
trauern um damals
als wir
die Straße entlang liefen
auf den Plätzen tanzten
vorbei
Jugend ist nur einmal

Eos
die Göttin der Morgenröte
erbat von Zeus
Unsterblichkeit
für ihren Geliebten
doch auch Tithonos alterte
weiß der Bart
zittrig seine Hände
und er redete und redete und redete vor sich hin
unentwegt
als wolle er wegreden das Alter
sie verwandelte in eine Zikade ihn
schloss ihn ein
nun drang durch die Ritzen der Hütte
das klagende Zirpen
unaufhörlich

ich weiß dass ich sterben muss
doch heut' noch den Wunsch zu leben
zu spüren die Wärme
des Nachmittages im Park
die Sonne auf den entblößten Armen

ich meide die dunklen Häuserfronten
kalt erschauert mein Rücken
geh' ich vorbei
immer länger werden sie
die Schatten

doch heut' noch in der Sonne stehen!

Drei Matronen

aus Stein gehauen
aufgestellt
auf kahler Höh'
windumweht

drei Frauen
gebeugt
den Kopf bedeckt
die Hände gefaltet

Bitte
um Hilfe bei der Geburt
Trost beim letzten Atemzug
des Füllhorns Gaben
ausgegossen über das Haus

Äpfel Ähren Äste
gereicht
gebettet
in den einladenden Schoß

Dank
für den Himmel
die Gräser
den Wind

Dank für den Tag

Vermessung

Haibun

Ein Spätnachmittag vor dem Bahnhof Wiesbaden. Auf dem Vorplatz herrscht Gedränge. Viele Reisende eilen dem Bahnhof zu, den Bahnsteigen, den Türen. In der Menge fällt eine kleine Frau auf, mit rotem Overall und knallroter Kappe. Sie wirkt wie ein Ausrufezeichen. Festen Schrittes betritt sie den Bahnhof. In der Hand hat sie ein Notizbuch, unter den Arm geklemmt einen Zollstock.

Sie geht bis zur Mitte, sie sieht sich um. Ihre Blicke schätzen die Länge und Breite, die Tiefe und Höhe der Halle ab. Dann holt sie den Zollstock hervor und legt ihn auf den Boden. Ein, zwei, mehrere Male. Sie liest die Zahlen ab und schreibt sie sorgfältig in das Notizbuch. Nun misst sie die Höhe. Sie legt den Zollstock an verschiedenen Stellen der Wände an, hebt ihn einige Male in die Höhe, liest wieder die Zahlen ab und schreibt sie auf. Zwei Frauen beobachten die kleine Frau. Kopfschüttelnd tuscheln sie, aber gehen weiter.

Nun geht die rot gekleidete Frau zum Gleisbereich. Die Gleise enden oder beginnen hier. Die Bahnsteige sind leer oder mit Menschen gefüllt. Züge fahren ein oder aus. Es ist zugig. Die Winde sausen über die Gleise, wirbeln Luft und Staub auf. Die Frau stört das nicht. Wieder nimmt sie den Zollstock und beginnt, die Länge der Gleise zu messen, die Breite der Bahnsteige, die Höhe der Bänke. Immer wieder nimmt sie ihr Notizbuch hervor und schreibt gewissenhaft Zahlen auf.

Reisende, die auf ihren Zug warten, haben sich inzwischen auf dem Bahnsteig eingefunden. Die Frau muss sich Platz verschaffen, Platz zum Vermessen. Sie geht um Einzelne herum und schubst sie zur Seite, sie geht durch eine Gruppe hindurch und bittet sie, Platz zu machen. Was diese auch tun. Einige bleiben stehen, drehen sich nach ihr um, schauen zu, was sie macht.

Die Frau bückt sich, steht wieder auf, kniet nieder, misst und notiert. Ein Neugieriger fragt, was sie mache? Sie fragt lächelnd ob er das nicht sähe? Die rote Kappe droht bei dem heftigen Auf und Ab vom Kopf zu fallen, sie schiebt sie zurecht.

Nun geht die Frau eiligen Schrittes zu einem wartenden Zug. Sie will den Abstand des Trittbrettes bis zur Kante des Bahnsteiges messen. Sie erklärt den ein- und aussteigenden Reisenden ihr Vorhaben und bittet sie, zur Seite zu gehen. Manche tun dies sofort, manche schütteln zweifelnd den Kopf und eilen weiter, einer zeigt ihr einen Vogel. Sie misst und notiert und bewegt sich am Zug entlang. Bis dieser abfährt. Ich frage eine Reisende, die ihr lange zugeschaut hat, was ihre Erklärung sei zu diesem Tun? Sie meint lachend, es gäbe heutzutage so viele Verrückte, dass sie sich nicht mehr darüber wundere. Ich meine, dass die Frau doch etwas Vernünftiges tue. Die Reisende verneint lachend, so eine kleine Frau könne doch nicht den Bahnhof vermessen.

Die rote Frau geht nun zum Haupteingang. Hier will sie die Breite und Höhe der Tür messen. Zwei Bahnhofspolizisten kommen vorbei, sehen die Frau, bleiben stehen und schauen ihr alarmiert zu. Sie sprechen miteinander. Dann schreiten sie gravitätisch auf die Frau zu:

„Was machen Sie hier?"

„Ich vermesse den Bahnhof."

„Was – den Bahnhof?"

„Ja."

„Haben Sie hierfür auch eine Genehmigung?"

„Ja."

„Zeigen Sie sie bitte!"

„Erkundigen Sie sich bei der Bahnhofsdirektion", sagt sie und wedelt mit der Hand. Bittet die Polizisten, ihr aus dem Weg zu gehen, sie müsse noch die Breite messen.

Die Polizisten gehen zur Seite. Sie schauen der Frau noch eine Weile zu und gehen dann eiligen Schrittes zur Direktion.

Die kleine Frau dreht sich um. Gibt es nicht noch was zu vermessen? Ja, die großen Pfeiler. Deren Durchmesser will sie ermitteln. Und sie misst und schreibt, rechnet und notiert, und malt geometrische Zeichen in ihr Notizbuch. Ein Mann schaut neugierig hinein, er nickt bestätigend den Kopf. Eine Frau fragt ihn, ob er was erkennen könne? Und er meint, dass sie ganz korrekt messen würde. Die Frau beendet ihre Vermessung. Sie klappt den Zollstock zusammen, klemmt ihn unter den Arm, sie schlägt das Notizbuch zu, sie rückt ihre Kappe zurecht und geht ruhigen Schrittes durch die Tür, über den Bahnhofsplatz der Stadt zu. Sie nickt zufrieden.

eine kleine Frau
kann – wenn sie will – den großen
Bahnhof vermessen

Türkische Freundin

auf der Tanzfläche
erregt
höhnisch verzogene Lippen
knallrot gefärbt
im Mundwinkel die Zigarette
die immerzu glüht
zu kurz der Rock
Absätze so hoch
Goldreifen klimpern beim Tanz

den ich zögernd versuche
in Sandalen flach
das Gesicht ungeschminkt
verzagtes Lächeln

ihre Hand auf meiner Hüfte
weist den Takt
der Füße aufstampfendes Nein
kreisende Hände
einfangend die Träume von
Leben
Bleiben

archaische Rhythmen
arabeske Klänge
die ihrer Seele entspringen

meine
zu umfangen
beginnen

für Selika

Ausländische Frau

exotischer Nachtfalter

dessen silberne Flügel beben
Goldtupfer aufleuchten
rubinschwarze Augen blitzen
kommt sie der Flamme zu nahe
die flackert

sie fürchtet sie nicht

sucht immer wieder
den Lichtkegel
über der Bar
die sanft konturierten Gesichter
erregt
umschleiert von Rauchwolken fahl

tanzend taumelnd fädenspinnend
gleitet sie durch den Raum

ihr Flug verzaubert

doch kommt sie zu nahe
scheuchen wehrende Hände sie weg

Jazzclub

schwarze Schwärze
tropft von den Wänden
Tischdecken Kerzen

aus dem Bauch des Saxophons
der Holzumhüllung des Cellos
rinnt gruselnde Schwere

rauhe Klage die Ballade des
Verlorenen der Verlassenen
Blues am Montagmorgen

in den Whiskygläsern schwappt
braungoldne Schwermut halbgeleert
bald wieder gefüllt

ebenholzfarben
das Kleid der Sängerin
das Dekolleté
fahle Kontur
der Lippen

aus ihrer Kehle
rauchverhangen
Laute
die das Dunkle
der Seele streifen

Black Pearls

nannte man sie
die schwarzen Sängerinnen
der 20er der 30er Jahre

Edelsteine
im Show Geschäft

I am so black and blue

sangen sie
Missachtung anklagend
die Wurzel
ihres Leids

my house rent's due
they done put me outdoors

klagten sie
benannten die Armut
das Elend die Not
Existenzkampf im Alltag immerzu

now I have got the wicked blues
since my baby went away

die alte Klage das alte Lied
über die Treue verraten
die Liebe verloren
stimmten sie an und alle sangen mit

got the travelin' blues
gonna catch a train and ride

rastlose Suche nach
Arbeit nach Glück
ein Stück Heimat zu finden
hofften sie

blues, oh blues, you know
you been here before

grüßten sie ihn
den steten Begleiter
geliebt und gehasst
inbrünstig gefeiert

life is blues
and blues is life

seufzte die große Bessie Smith

und sang ihn
ihr Leben lang

Akkordeon

Klavier des kleinen Mannes
Volksmund

eine milde Gabe für das Akkordeon
Begleiter der Einsamen auf der Straße
Serge Gainsbourgh

leicht umzuhängen
das Instrument
leicht zu tragen
leicht zu spielen
vor dem Café
an der Ecke
in der Kneipe
auf dem Straßenfest
die Seiten ziehen
den Luftstrom zügeln
Töne erzeugen
Melodien

verweilen dort
wo sie warten
die Menschen
empfinden erspüren
ihre Stimmung
ihren Wunsch
Harmonien der Freude
die Knöpfe springen
Akkorde der Schwermut
die Kanzellen schwingen
con forzo allegro
bewegen sie das Herz

ein Lied beginnen
ein paar Töne der Takt
und sie singen mit
die Freunde

einen Kanon
alte Schlager
Shanties und Gospels
den neusten Hit
schnipsen die Finger
wiegen die Hüften
Quodlibet der Freude
und der Lust

leicht einzupacken
das Instrument
leicht zu schließen
der Koffer
leicht
zu tragen
nach Hause
in die Ecke zu stellen
darüber zu streicheln
das Geld zu zählen
das sie in den Hut warfen
den alten

für Edda Heine,
die das Akkordeon spielt

Frauenlob

ein Anagramm

Frauen loben
laben
leben
Frauen beben
Frauen rauben
robben
rennen
Frauen brennen

Boell & Bebel
Benn & Brauner
raunen Ooooooo
ob neuer Frauen

Lore Lulu Luna Lena
O la la blau noble Nena

Flora Fara Fela Fauna
nu na na braun farbne Laura

Lob fuer alle
Ober
Neben
Lebefrauen
Nonnen
Nornen
Robenfrauen
Bauern
Berber
Raeuberfrauen
Runen
Baeren
Rabenfrauen
olle Frauen
alle
Frauen

Die Hände der Frauen

über dem Gartenzaun
der Buchsbaumhecke

durch die offene Tür
das Fenster Efeu umrahmt

zwischen Tischdekor
den Servietten bestickt

unter dem Linnen
glatt gebügelt und kühl

im Weidenkorb
gefüllt mit Äpfeln gereift

finden
berühren
erwärmen dich

lässt du es zu

Wiesbaden

I

Wiesbaden Schöne
drei Lilien im Haar gleichst
einer Geisha Du

II

im Kimono bunt
bemalt trippelnd über die Rue
ein Kopfnicken

III

das Spiel der Koto
im Muschelsaal bewegt dich
der Fächer zittert

IV

Blüten der Kirsche
auf den Wegen im Kurpark
sorglos zertreten

V

morgens auf dem Markt
kaufst Du Lilien frisch
für das Fest am Abend

Anmerkungen

Zitate sind typografisch kenntlich gemacht.

Das Haiku ist eine japanische Gedichtform.
Ein Haiku besteht aus drei Zeilen und siebzehn Silben.
In der Abfolge: 5 - 7 - 5 Silben.

Das Haibun ist eine kurze Geschichte, die auf einem Erlebnis beruht. Es mündet in ein Haiku.

Ein Anagramm wird mit den Buchstaben
des Titelwortes gebildet.

9 Dichterinnen
Annette von Droste-Hülshoff (1797–1848)
Emily Dickinson (1830–1886)
Luise Landes Levi, Jg. 1945

10 Besichtigung
Rüschhaus – Wohnsitz der Dichterin Annette von Droste-Hülshoff in der Nähe von Münster / Westfalen.

11 Das kleine Zimmer
Nach Emily Dickinsons Tod fand man 1775 Gedichte in ihrem Zimmer. Sie waren der Öffentlichkeit unbekannt. Sukzessive wurden sie im Laufe der Zeit veröffentlicht. Heute sind sie weltbekannt und gelten als Vorläufer der modernen Lyrik.

12 Aktion LLL
Die Dichterin Luise Landes Levi zeigte diese Performance am Fluxusmuseum in Wiesbaden-Erbenheim.

14 Erker
Ihren Lebensabend verbrachte Hilde Domin (1909–2006) in Heidelberg, in einem Haus mit Erker am Berg gelegen.

16 Gräfte – Graben um das Rüschhaus, Wohnsitz der Dichterin Annette von Droste-Hülshoff.

18 Männliche Muse
Das Gedicht bezieht sich auf Levin Schücking (1814–1883) ein Schriftsteller, den eine tiefe Freundschaft mit Annette von Droste-Hülshoff verband.

21 Frühes Schreiben
Die Dichterin Karoline von Günderrode (1780–1806) erdolchte sich am Rheinufer bei Winkel. Wir gedachten ihrer an ihrem 200. Todestag im Jahr 2006 in Oestrich-Winkel.

24 Interview
Die Dichterin Else Lasker-Schüler (1869–1945) wurde in Wuppertal geboren und lebte lange Zeit in Berlin. Sie emigrierte 1933 in die Schweiz. 1938 wurde sie in Deutschland ausgebürgert. Bei Ausbruch des Zweiten Weltkrieges befand sie sich auf einer Reise durch Palästina und konnte nicht mehr in die Schweiz zurückkehren. So lebte sie unfreiwillig in Jerusalem, wo sie nach fünf Jahren starb und beerdigt wurde. Jerusalem befand sich zum Zeitpunkt des fiktiven Interviews unter englischer Mandatsregierung.

31 Das Lächeln der Dora Maar
Eine Bilddeutung des „Porträts der Dora Maar“ von Pablo Picasso.

33 Münterhaus
Das sogenannte „Münterhaus“ oder auch „Russenhaus“ (damals von den Einheimischen auch verächtlich „Hurenhaus“ genannt) steht in Murnau am Staffelsee. Hier lebten Gabriele Münter und Wassily Kandinsky von 1908 bis 1912 zusammen.

35 Begegnungen
Marianne von Werefkin (1860–1938) war Malerin. Sie wurde in Russland geboren, lebte lange in Deutschland und in der Schweiz. Sie starb in Ascona und ist dort beerdigt.
Sie gehört zu dem Kreis der Expressionisten. Aufgrund ihrer großartigen Malweise nennt man sie auch den „Russischen Rembrandt“.

37 Frauengeschichte(n)
Frauenstadtrundgang in Wiesbaden. Im Haus Taunusstraße 38 befand sich in den 1920er Jahren ein Frauenclub.

38 SIRONAE
C+IVLI+RESTITUTUS
C+TEMPL+D+S+P
Inschrift des Weihesteins der Sirona an der Schützenhofquelle in Wiesbaden.

39 Mausoleum
Griechische Kapelle – Russisch-orthodoxe Kirche der hl. Elisabeth in Wiesbaden. Denkmal einer tragischen Liebesgeschichte. Herzog Adolph von Nassau (1817–1905, ab 1890 Großherzog von Luxemburg) heiratete 1844 die russische Großfürstin Elisaweta Michailowna (1826–1845). Sie starb 19-jährig drei Tage vor dem ersten Jahrestag der Hochzeit im Kindbett. Der Herzog ließ in liebevollem Gedenken diese Grabkirche errichten. Sie wurde erbaut nach den Plänen von Philipp Hoffmann in den Jahren 1847–1855.

40 Geschichtsunterricht
Im Jardin du Luxembourg in Paris stehen in einem Oval zwanzig Statuen von bekannten Frauen der französischen Geschichte.

42 Gobelin
Im Musee du National Moyen Age in Paris hängen die sechsteiligen Gobelins genannt *Millefleurs*. Sie entstanden am Ende des 15. Jahrhunderts. Fünf der Werke zeigen symbolisch die fünf Sinne. Das Mittelstück zeigt *Die Dame mit dem Einhorn*. Die Botschaft der gestickten Inschrift: *Mein einziger Wunsch* konnte bisher nicht eindeutig entschlüsselt werden.

52 Königinnen von Jerusalem
In der Geschichtsschreibung wird immer nur aufgezeigt, dass Männer an den Kreuzzügen (vom Ende des 11. bis zum Ende des 13. Jh.) teilnahmen. Neuere Forschungen zeigen aber, dass auch Frauen ins Heilige Land zogen. Sie übernahmen dort politische Aufgaben und hatten wichtige Positionen inne.

54 Lebensabend
Eleonore von Aquitanien (1122–1204) gilt als eine der mächtigsten Frauen des Mittelalters. Sie war Herzogin von Aquitanien, Königin von Frankreich und nach ihrer Scheidung von dem französischen König, durch Heirat mit dem Herzog der Normandie und späteren König, Königin von England. Sie regierte tatkräftig an seiner Seite. Als erste herrschende Königin nahm sie am zweiten Kreuzzug von 1147–1149 teil. Nach der Entfremdung von ihrem Mann, König Heinrich, unterstützte sie die Rebellion ihrer Söhne gegen den Vater. Sie wurde gefangengenommen und lebte 16 Jahre lang unter Bewachung auf den Burgen von

Berkshire und Nottinghamshire. Nach ihrer Befreiung, nach dem Tod des Königs, übernahm sie die Regentschaft über ihren Sohn Richard Löwenherz, der an einem weiteren Kreuzzug teilnahm. Kurz vor ihrem Tod zog sie sich in das Kloster Fontevrault in Südfrankreich zurück. Als Kunstliebende unterstützte sie die Troubadure, die an ihrem Hof gastierten. Sie erhielt von ihnen den Ehrentitel: *Königin der Troubadure.*

57 Epistel der Katharina Luther von Bora (1499–1552). Sie war Nonne, verließ das Kloster und heiratete 1525 Martin Luther. Die Grundidee zu der „Epistel" lieferte Christine Brückner in ihrem Buch: „Wenn Du geredet hättest, Desdemona".

60 Spiel der Kräfte
Hildegard von Bingen (1098–1179 war Äbtissin der Klöster in Bingen und Eibingen. Als begabte Schreiberin, verfasste sie theologische Abhandlungen und korrespondierte mit den Großen der Zeit. Sie entwarf religiöse Spielhandlungen zur Untermalung der kirchlichen Riten. Eine davon ist das „Spiel der Kräfte"

62 Santa MargheRITA
Rita von Cascia (1381–1457) lebte in Italien. Der vollständige Vorname lautet: Margherita. Sie war Ehefrau, Mutter und Nonne. Im Kloster von Cascia bewirkte sie ein Wunder, in dem sie eine verdorrte Rose zum Leben erweckte. Aufgrunddessen wurde sie heilig gesprochen. Der 22. Mai gilt als Namenstag der Frauen, die Rita heißen. Es gibt auch heute noch eine christliche Gruppierung, die sich der Verehrung der Heiligen widmet. Die „Rita Rosen" werden immer noch als Heilmittel verwendet. Auch eine Zeitschrift zu Ehren der Heiligen trägt diesen Namen.

63 Erinnerung
Frau Kaga Chiyo-ni (1703–1775) ist eine japanische Haikudichterin und Meisterin. Nachdem sie erfahren musste, dass ihre Haiku nicht gedruckt wurden – auch in Japan wurde damals die Dichtkunst der Frauen gering geschätzt – schaffte sie sich eine Druckerpresse an und druckte ihre Haiku selbst, damit sie verbreitet werden konnten. In ihren Haiku beschreibt sie oft das Leben der Frauen. Noch heute

wird sie in Japan gelesen. Eines ihrer bekanntesten Haiku ist das auch in der Hommage genannte:

die Winde rankt
um das Brunnenseil –
ich hole Wasser beim Nachbar

65 Ausgrabungsstätte
Es handelt sich um die Ausgrabungsstätte: Catal Hüyük, im Süden der Türkei. Man legte eine Wohnfläche frei, möglicherweise eine Stadt. Es könnte die erste Stadt der Menschheit gewesen sein. Viele Alltagsgegenstände wurden dort gefunden sowie Figuren, Kultobjekte und Wandmalereien. Die Frauenforschung deutet sie als Hinweise auf eine matriarchale Lebensform.

68 Artemis
Göttin der griechischen Mythologie. Eine ihrer Statuen steht in Ephesos, einer Ausgrabungsstätte in der Türkei. Lange konnte man den seltsamen Brustschmuck der Statue nicht enträtseln. Heute nimmt man an, dass es sich um aufgereihte Hoden handelt

70 Im Tempel
Der Artemistempel in Ephesos war ein bekanntes Heiligtum der Antike. Er zählte zu den sieben Weltwundern. Im Museum Ephesos werden die Weihegaben der Pilger aufbewahrt, die man bei Ausgrabungen fand.

71 Kybele
Kybele ist eine chthonische Göttin, kleinasiatischer Herkunft. Sie symbolisiert Werden und Vergehen der Vegetation.

76 Harem
Das Gedicht entstand bei einem Besuch des Topkapi Serails, dem Palast des Sultans, in Istanbul im Jahr 2000.

82 Aufstieg am Morgen
Die Frauen Neuseelands erkämpften als erste Frauen der Welt 1893 das Frauenwahlrecht, mit einer Unterschriftenkampagne. Die Papierrolle mit den Unterschriften war so groß, dass man sie mit einer Schubkarre ins Parlament fahren musste. Sie ist heute noch zu sehen. Im Jahre 1993 feierten die Frauen Neuseelands das hundertjährige Bestehen des Frauenwahlrechts. Ich konnte bei der Feier in Christchurch dabei sein.

84 Ahnengalerie
Dies sind die Fotos meiner beiden Großmütter, die im Elternhaus an der Wand hingen.

92 Sacajawea
auch Bird Woman genannt – eine Indianerfrau. Sie begleitete als einzige Frau, mit ihrem neugeborenen Kind die Expedition, die einen Weg von St. Louis zum Pazifik finden sollte. Sie dauerte vom 14.5.1804 bis 2.9.1806 und war erfolgreich. Die Indianerfrau leistete viele praktische Dienste. Das „Corps of Discovery" wurde geleitet von Meriwether Lewis und William Clark. An die beiden Leiter erinnern viele Orte und Wege. Sacajewa wird kaum noch erwähnt. Im Jahr 2006 fanden viele Feiern zu Ehren der erfolgreichen Expedition statt. Ich besuchte in diesem Sommer St. Louis und entdeckte die außergewöhnliche Geschichte der Indianerfrau.

98 Denk Mal
Niederwalddenkmal oberhalb von Rüdesheim am Rhein. Das Denkmal soll an die Einigung Deutschlands 1871 erinnern. Es wurde am 20. Sept. 1883 eingeweiht. Die Hauptfigur ist die „Germania", eine große Statue, auf einem hohen Sockel postiert, die in der erhobenen rechten Hand die Kaiserkrone hält. Unter dem Hauptrelief sind fünf der sechs Strophen des Liedes: „Die Wacht am Rhein" eingemeißelt. Das Denkmal gehört zu den monumentalen Gedenkbauwerken des Deutschen Kaiserreichs.

106 Romantische Frau
Auguste Bußmann (1791-1832) lebte überwiegend in Frankfurt am Main. Sie war in erster Ehe mit Clemens Brentano verheiratet. Es war eine leidenschaftliche, aber auch konfliktreiche Beziehung. Die Ehe wurde nach langen juristischen Auseinandersetzungen geschieden. Auguste heiratete auf Druck der Familie nochmals. Auch diese Ehe war unglücklich. Sie ertränkte sich 1832 im Main.

107 Henriette Vogel
(1780–1811) war mit Heinrich von Kleist befreundet. Sie war ernsthaft erkrankt und er lebensmüde. Auch der Dichter hegte Todeswünsche. Sie planten beide die Selbsttötung. Am 21. Nov. 1811 gingen sie zum Ufer des Wannsees, in der Nähe von Berlin. Dort er-

schoss Kleist zuerst die Freundin, dann sich selber. Sie wurden an derselben Stelle beerdigt. Lange Jahre erinnerte nur ein Stein an den Dichter. Dann wurde ein zweiter kleiner Stein daneben gelegt, mit dem Namenszug der Henriette Vogel. Seit November 2011 gibt es nun einen großen Stein, auf dem die Namen der beiden gleichwertig eingemeißelt sind. Die Grabstätte zieht viele Besucher an. Ich war dort am 9.4.2011.

109 Luiska
Luise von Larisch (1792–1855) war die Ehefrau von Joseph von Eichendorff (1788 - 1857). Sie lebte auf einem Nachbargut von Lubowitz, dem Sitz der Familie Eichendorff in Pogrzebin. Ihre Familie war verarmt. Er lernte sie kennen, als sie 17 Jahre alt war. Die Verbindung wurde von beiden Seiten missbilligt. Aber sie heirateten und lebten 40 Jahre zusammen und hatten vier Kinder. Das Leben mit dem Dichter war nicht leicht. Er kämpfte zeitlebens um seine Existenzsicherung. Sicherlich ist es der Geduld und dem praktischen Lebenssinn von Luise zu verdanken, dass sie die Krisen meisterten. Sie starb mit 63 Jahren. Eichendorff litt sehr unter dem Verlust. Er starb zwei Jahre später.

113 Drei Matronen
die Drei Matronen sind Fundstücke der Ausgrabungen der Römischen Tempelanlage in Nettersheim in der Eifel und dort aufgestellt. Die Originale befinden sich im Landesmuseum Bonn.

116 Vermessung
Beschreibung einer Performance, die Bettina Wagner im Hauptbahnhof Wiesbaden durchführte. Sie beabsichtigt, alle größeren Bahnhöfe in Deutschland zu vermessen.

Vitae

Dr. Rita Rosen, Schriftstellerin, emeritierte Professorin und Kulturbeauftragte der Hochschule RheinMain in Wiesbaden schreibt seit einigen Jahren Gedichte, Kurzgeschichten und Haiku. Viele wurden in Einzelausgaben, Anthologien und Zeitschriften veröffentlicht und bei Lesungen vorgetragen.

Als Mitglied der Schreibwerkstatt an der Hochschule wirkte sie als Mitherausgeberin für die dort entstandenen Texte. Sie leitet den Haiku Kreis Wiesbaden, der regelmäßig öffentliche Lesungen anbietet, und gab mehrere Haiku Sammlungen heraus.

An der Hochschule RheinMain galt ihr Hauptinteresse der Frauenforschung. Sie veröffentlichte mehrere Studien zur Situation von Migrantinnen.

Im Rahmen der Biografieforschung beschäftigte sie sich mit Lebensläufen historisch bedeutsamer Frauen. Die Forschungsergebnisse und das Studium feministischer Theorieansätze sind in die lyrischen Beschreibungen von Frauenleben eingeflossen.

Silvia Willkens, geboren 1953 in Bad Kreuznach, freischaffende Malerin, hat ihr Atelier in in Oestrich-Winkel im Rheingau. Sie studierte von 1971 bis 1979 an der Akademie der Bildenden Künste in Stuttgart Malerei, an den Universitäten in Stuttgart und Mainz Kunstgeschichte und legte 1979 dort das Staatsexamen am Fachbereich Kunst ab. Seit 1980 hatte sie zahlreiche Ausstellungen im In- und Ausland sowie Lehraufträge an Hochschulen in Mainz und Wiesbaden.

Studienreisen und längere Arbeitsaufenthalte führten sie nach Kalifornien (1981), in den Senegal (1987), nach Georgien (1990), nach Burkina Faso (1994) und immer wieder nach Italien (seit 2001).

Mitte der 1990er Jahre wendete sie sich einer feinschichtigen figürlichen Malerei zu, in der Ruhe, Tiefe und Zeitlosigkeit zum Thema werden.

Bei den vorliegenden Kohlezeichnungen handelt es sich um Studien aus mehreren Arbeitszyklen.